2025 K-콘텐츠 :

한류를 읽는 안과 밖의 시선

상상유목
대중총서
02

2025 K-콘텐츠

한류를 읽는 안과 밖의 시선

K-컬처 · 스토리콘텐츠연구소 엮음

안숭범 | 앨버트 리 | 조한기 | 파수트 라수카 | 김태룡 | 야마모토 조호
김세익 | 천원징 | 이승제 | 리처드 시그레이브 | 한유희 | 달마 칼로비치

경희대학교 출판문화원

서언

2025 K-콘텐츠의 흐름

거기서 시작되고 여기로 돌아와
질문이 되는 어떤 것

한류가 계속될 수 있을 것인가에 대한 기대와 우려는 지난 30여 년 가까이 공존해 왔다. 최근에도 한류를 견인하고 있는 문화콘텐츠 분야별로 여러 위험 요인이 불거지고 있다는 소식을 접했다. 그러나 K-콘텐츠 유관 산업의 매출액과 성장률 등 객관 지표를 보면, 한류는 '지속'을 우려해야 하는 단계에 머물러 있지 않다. 여전히 '확산'에 대한 기대를 꾸준히 실현하고 있는 상황이다. 그 와중에 국내외 한류팬은 더 빠르고 광범위하게 확장되는 콘텐츠 수용장 안에서 초국가적 흐름을 느끼고 있다. 그들 대다수는 정체성을 재단하는 경계들(가령 국적, 인종, 성별, 종교, 계급 등)에 저촉받지 않고 서로 긴밀하게 연결되고 있다는 것을 실감하고 있다. K-콘텐츠가 세계화(globalization)[1]의 가장 구체적인 감각을 심어주고 있는 셈이다.

실제로 초국가적 한류 수용장 안에서 교류해 온 이들은 온갖 문화적 차이가 희석되는 장면들을 만들어내고 있다. 혼란과 갈등을 조장하는 국면을 반성적으로 인식하면서, 한편으로는 혼종성과 모순을 너그럽게 용인하면서, 그들은 전지구적 감각, 경계가 없는 감각을 공유하는 중이다. 개인적 경험을 말하면, K-콘텐츠를 함께 향유하는 공동체를 통해 울리히 벡이 말한 세계시민적 관점(cosmopolitan outlook)[2]을 배울 때가 있다. 가령 K-팝을 사랑하는 방글라데시 팬들은 음악을 통해 지역의 수해 복구 모금 활동을 진행하기도 했다. 인도네시아 K-팝 팬들은 파푸아 숲 보호 캠페인을 통해 숲을 조성하는 일에 나선 바 있으며, 일본의 슈퍼주니어 팬들은 제주도 해수욕장에서 쓰레기를 줍는 활동에 동참한 바 있다. 미국에서 'Black Lives Matter' 운동이 펼쳐지던 때, BTS 아미(Army)들은 인종차별 반대 메시지를 담은 팬메이드 영상으로 사회적 이슈에 대한 관심을 끌어모으기도 했다. 이들은 역동적인 한류팬들이 실천해 온 사회적·윤리적·예술적 성격의 '트랜스 브리콜라주

1 D. Held, A. McGrew, D. Goldblatt, & J. Perraton, *Global Transformations: Politics, Economics, and Culture*, Stanford University Press, 1999, p.16.

2 U. Beck, *Cosmopolitan Vision*, Polity Press, 2006, p.3.

(trans-bricolage)' 활동의 일례에 해당한다.

그렇게 보면, K-콘텐츠의 가치를 한국인이 전유할 수 없다는 사실은 자명하다. K-콘텐츠 안에서 밈을 발굴하는 이도, 밈의 전환과 굴절을 만들어내는 이도 초국가적 한류팬들이다. 이때의 '밈'은 세대와 세대를 시간적으로 건너는 유전자(gene)의 성격에 국한되지 않는다. 그것은 수직적으로 대물림되기보다는, 트랜스 브리콜라주 과정에서 새롭게 번역되고 재생산되어 공간을 넘나들며 수평적으로 확산[3]된다. 오늘도 한류팬들은 자기 취향과 재능에 따라 재미, 심미, 의미를 좇으며 문화 번역, 상징 번역을 실천하고 있다. 그들은 K-콘텐츠가 여러 가지 얼굴의 글로컬 콘텐츠로 '포스트 코드화(post-coding)'되는 과정에 자율적으로 복무한다. 2024년에 쏟아진 K-콘텐츠에 대한 해석과 평가도 그들의 입장과 태도, 반응을 빼놓고 설명될 수 없다. 그래서 한류는 여기서 시작되어 거기서 공유되는 게 아니다. 거기서 공유됨으로써 비로소 시작되고, 여기로 돌아와 질문이 되는 어떤 것이다.

지금 K-콘텐츠는…

코로나19 팬데믹 기간을 포함해 그 전후의 기간까지 통시적으

3 트렌드, 유행, 기술, 심지어 종교까지 밈이 될 수 있으며, 인터넷 같은 미디어, 곧 기술 환경의 구조 속에서 빠른 속도로 확산된다. R. Hughes, *Cult-ure*, Fiell, 2011, p. 96.

로 보면, 한류 산업은 5년간 연평균 9퍼센트 성장(한국 콘텐츠 산업 수출액 기준)[4]을 기록하고 있다. 세부 분야별로 부정적인 해석을 낳을 수 있는 지표들도 존재하지만, 기본적으로는 K-콘텐츠에 대한 브랜드 파워가 안정적으로 작동하고 있는 것으로 판단된다. 올해 최고의 뉴스 중 하나인 한강의 노벨상 수상은 한강 작가의 개인적 땀과 노력의 결실이자 한국 문학의 축적된 힘이 발현된 사건일 것이다. 그러나 이 놀라운 소식 역시 한류가 글로벌 시장에서 확인시켜 온 다양성의 힘과 한국 문화 전반에 대해 형성된 신뢰감이 초석을 놓았다고 생각된다.

해외에서 '한국'을 생각하면 먼저 떠오르는 것은 'K-팝'(17.2%)과 '한국 음식'(13.2%), '드라마'(7.0%)라고 한다.[5] 공신력 있는 기관의 연례보고서, 정기보고서들을 종합하면, 이 결과는 대동소이하게 상당히 오랜 시간 지속되고 있다. 그 외에 방송(예능), 영화와 게임, 뷰티와 패션 등 다른 분야들이 일관되게 언급되고 있다. 이를 통해 우리는 한국 대중문화 전반에 대한 해외 팬들의 인지도, 선호도를 직간접적으로 확인할 수 있다. 브랜드화된 K-콘텐츠에 대한 접근성이 높아지면서 이러한 기류는 당분간 관성을 갖고 이어질 것으로 보인다.

그러나 한류를 견인하고 있는 문화콘텐츠 여섯 개 분야(영

4 김아영 외, 『2023 한류백서』, 한국국제문화교류진흥원. 2024, 309쪽.

5 김아영 외, 『2024 해외한류실태조사 요약편』, 한국국제문화교류진흥원, 2024, 255쪽.

화, 드라마, 음악, 예능, 웹툰, 게임)에서 최고의 작품, 혹은 대표작품을 선정하면서 느낀 내용 중에는 밝은 면만 있는 게 아니다. 〈기생충〉(2018), 〈오징어 게임〉(2020)과 같은 영상콘텐츠, BTS의 〈LOVE YOURSELF 結 'Answer'〉(2018), 〈BE〉(2020)와 같은 음반, 크래프톤의 〈배틀그라운드〉(2017)와 같은 게임이 올해에는 없다. 중장기적으로 글로벌 시장을 선도적으로 이끌어갈 수 있는 대표 콘텐츠를 확보하는 문제가 당장의 과제로 떠오르고 있는 셈이다. 그래서 한류를 성찰적으로 돌아보고, 새로운 전환을 궁리해 보는 시도는 계속되어야 한다.

최근 한국 영상콘텐츠 제작사들의 움직임에 나타난 변화 중 가장 큰 것은, 글로벌 OTT와 직접 계약을 체결하는 사례가 늘고 있다는 사실이다. 글로벌 OTT 플랫폼의 영향력과 자금력이 영화, 드라마, 예능 산업 생태계에 긍정적인 면도 있지만, 양자가 종속적인 관계로 고착화될 수 있다는 걱정은 근거를 가진다. K-팝 분야는 포스트 BTS 시대, 포스트 블랙핑크 시대를 준비해야 하는 시점에 이르렀다. 그 과정에서 돌출적인 불안 요인이 여기저기서 확인되고 있다. 이른바 4세대 여성 그룹의 선두 주자였던 뉴진스 소속사 어도어(ADOR)의 대표와 모회사 하이브(HYBE) 간의 갈등은 한국 K-팝 산업의 근본적인 폐부를 직시하게 한다. 예능의 경우 지상파 예능프로그램의 수출(완성품 수출)이 계속 늘고 있긴 하지만, 글로벌 OTT

오리지널 시리즈로 제작된 콘텐츠 중 성공 사례가 많지 않다는 게 특기할 만하다. 넷플릭스를 벗어나 디즈니 플러스나 아마존 프라임 등에서 가능성이 확인된 경우는 더더욱 드물다. 게임은 제작 콘텐츠에 대한 주목도보다 한국 e스포츠팀 T1이 2024년 리그 오브 레전드 월드 챔피언십(롤드컵)에서 우승한 소식이 반가웠다. 아쉬운 점이 있다면 게임 역시 세부 장르별로 국내외 게임 시장을 주도할 만한 대작이 부족하다는 인상이다. 한편 한국 웹툰의 성장세는 매우 고무적이다. 한류를 이끌어온 다른 문화콘텐츠들에 비해 시장 규모가 크다고 볼 수 없지만, 한국 웹툰의 글로벌 시장에서의 비중은 매우 높은 편이다. 그 때문에 OSMU, 트랜스미디어 스토리텔링 전략 실현에 있어서 원천콘텐츠로서 웹툰의 활용 방안을 더 세심히 강구해야 할 때이다.

종합해 보면, 개별 권역과 국가별로 K-콘텐츠 소비에 관한 부분적인 부침이 있을 수 있지만 한류는 여전히 도저한 흐름을 형성하고 있다. K-콘텐츠가 세계 각국에서 호응을 얻으며, 새로운 팬들을 만들고 그들의 문화적 맥락에서 변형되어 재구성되는 것은 의미가 있다. 한류를 통해 다층적인 융합과 통섭의 장이 만들어지고, 한국의 문화자본이 창의적으로 공유되는 과정은 항상 흥미롭다. 다만 앞에서 밝힌 대로, 이 과정을 한국(인)의 문화적 우위를 확인하는 계기로 삼는 것은 위험하다.

K-콘텐츠는 초국가적 상호작용을 통해 갱신되는 공동의 자산이어야 한다.

『2025 K-콘텐츠: 한류를 읽는 안과 밖의 시선』이 나오기까지

작년에 이어 올해에도 동시대 한류를 주도하고 있는 K-콘텐츠를 분야별로 살펴보았다. 집중성을 높이기 위해 문화콘텐츠 여섯 개 분야(영화, 드라마, 음악, 예능, 웹툰, 게임)에서 최고의 작품, 혹은 대표작품을 선정하기 위해 경희대학교 K-컬처·스토리콘텐츠연구소의 연구원들과 먼저 머리를 맞댔다. 여섯 개 작품을 선정하는 과정에서, 우리는 개별 분야 시장의 반응을 객관화할 수 있는 지표들을 선별했다. 이를테면 흥행 실적, 판매 수익, 시청률, 조회 수, 동시 접속자 수 등은 중요한 고려 사항이었다. 그만큼 유의미하게 살핀 것은, 동시대 국내외 한류 수용장에서의 반응이었다. 개별 분야에서 해당 콘텐츠가 차지하는 상징적·산업적 위상도 평가의 대상이었다. 분야별 선정작[6]은 다음과 같다.

6 필진들에게 원고 작성의 시간을 부여하고, 해당 연도 내에 출판을 완료하기 위해 2023년 9월부터 2024년 8월까지 개봉, 방영, 출시된 작품을 중심으로 평가했음을 밝힌다. 게임, 웹툰 분야의 경우 최초 출시, 연재 시점이 해당 기간에 속하지 않더라도, 동시기 가장 주목도가 높은 최신작 중 선정했다.

영화: 〈파묘〉

드라마: 〈눈물의 여왕〉

K-팝: 뉴진스의 〈Supernatural〉

예능: 〈서진이네 2〉

게임: 〈스텔라 블레이드〉

웹툰: 〈세이렌: 악당과 계약가족이 되었다〉

작년과 마찬가지로 올해에도 여섯 분야에 최고 수준의 국내외 연구자, 평론가들을 모셨다. '한류를 읽는 안과 밖의 시선'이라는 취지에 맞게 분야별로 국내 필진과 해외 필진이 한 명씩 각자의 관점에서 선정작을 분석했다. 국내 필진은 이 책의 성격과 방향성을 정확히 공유하고 있는 경희대학교 K-컬처·스토리콘텐츠연구소에 소속되어 있는 교수와 연구원을 중심으로 구성했다. 이들은 모두 해당 분야에서 활발히 활동 중인 현장 평론가들이기도 하다. 열거하면 연구소장인 안숭범(영화)을 필두로 조한기(드라마), 김태룡(음악), 김세익(예능), 한유희(만화·웹툰)가 국내 평론가로 참여했다. 그 외에 건국대학교 문화콘텐츠·커뮤니케이션학과에서 박사후연구원으로 일하고 있는 이승제(게임) 선생이 작년에 이어 올해에도 참여했다.

해외 필진은 작년과 다른 참신한 시각을 얻고자, 완전히 새로운 진용으로 다시 꾸렸다. 영화는 앨버트 리(미국, 케네소 주립대학교), 드라마는 파수트 라수카(태국, 치앙마이대학교), 음악은 야마모토 조호(일본, 리츠메이칸대학교), 예능은 천원징(중국, 후베이대학교), 웹툰은 달마 칼로비치(일본, 간세이가쿠인대학교), 게임은 리처드 시그레이브(게임 전문매체 'GameSpew' 대표)가 맡았다. 이들은 글로벌 평단에서 지명도를 갖고 활동해 온 전문가들이다.

이 책에 실린 작품들로 동시대 한류의 전반적인 흐름을 선명하게 이해하는 것은 불가능하다. 다만 초국적인 담론장에서 화제를 모은 작품들은, 해당 분야의 오늘을 읽는 데 중요한 참조점을 제공한다. 이 책이 바야흐로 'K-콘텐츠의 시대'를 살고 있는 동시대 교양인들에게 유익한 통찰을 안기길 기대한다. 특히 K-콘텐츠를 사랑하는 한류팬들의 열정에 작지만 소중한 응답이 되길 바란다. 문화콘텐츠학, 미디어학을 포함해 문화연구를 하는 동지들에게도 비평장에 참여할 수 있는 계기를 마련해 주었으면 한다.

2025년 1월

필진을 대표하여

경희대학교 K-컬처 · 스토리콘텐츠연구소장 안숭범

목차

PART 1

우리는 무엇을 물리치려 한 것일까?

오컬트 호러물이 '천만 영화'가 된 사건 / 안승범

PART 2

역사 속 악령을 퇴치하다

앨버트 리

• 일본에서 개봉한 〈파묘〉의 성공

[영화]

파묘

〈파묘〉는 깊은 산골 을씨년스러운 곳에 자리한 묘를 이장한 후 풍수사와 장의사, 무속인들에게 벌어지는 기이한 사건을 담은 영화이다. 거액의 의뢰를 받고 무당 '화림'(김고은)과 '봉길'(이도현)은 미국으로 건너가 기이한 병이 대물림되는 집안의 장손을 만난다. 조상의 묫자리가 화근임을 알아챈 무당 화림은 이장을 권하고, 풍수사 '상덕'(최민식)과 장의사 '영근'(유해진)이 합류한다. 여우가 출몰하는 곳에 자리한 묘의 모습에 '상덕'은 "잘 알 거야, 묘 하나 잘못 건들면 어떻게 되는지"라며 포기하려 하지만, '화림'의 설득으로 시작된 이장은 결국 '험한 것'을 불러들이고 만다.

- 장르 : 미스터리, 공포, 퇴마, 오컬트, 드라마, 서스펜스
- 감독 : 장재현
- 출연 : 김고은, 유해진, 이도현, 최민식 등
- 개봉일 : 2024년 2월 22일

PART 1

우리는 무엇을 물리치려 한 것일까

오컬트 호러물이 '천만 영화'가 된 사건

안숭범*

1990년대 중후반, 중화권에서 TV 드라마가 예외적인 인기를 얻으며 한류가 시작되었다는 견해는 대부분 일치한다. 그런데 그 무렵의 '영화 한류'를 말하기에는 산업적·문화적 기반이 취약했다. 영화계 내부에서도 한국 영화가 할리우드 영화와 직접 경쟁할 수 있다고 생각하는 이들을 찾기는 어려웠다. 단지 '영화 한류'의 잠재력이 광범위하게 축적되고 있었다는 사실을 각별히 재인식할 필요는 있다. 오늘날 한국 영화계의 대표 얼굴이라고 할 수 있는 감독들이 저마다의 개성을 확인시키며 등장했기 때문이다. 예를 들어 강제규(1996), 김기덕(1996), 홍상수(1996), 이창동(1997), 장윤현(1997), 김지운(1998), 허진호(1998), 봉준호(2000) 등이 그 시기 영화계에 입봉했고, 박찬욱(2000)도 그의 세

* 경희대학교 국어국문학과 교수.

번째 영화를 통해 웰메이드 영화감독으로 새출발한다. 그들은 세간의 편의적 구분에 따를 때, '작가성'과 '상업성' 중 최소한 한 가지 측면에서, 혹은 양 측면을 모두 아우르는 재능을 보였다고 할 수 있다.

2000년대 초중반부터 한국 영화는 스크린 쿼터 제도를 방패막이 삼지 않아도 자생력을 확보해 갈 수 있다는 믿음을 이끌어낸다. 2002년 임권택이 〈취화선〉으로 칸 영화제에서 감독상을 수상한 것은, 질곡의 역사를 가진 한국 영화의 '과거', 특히 20세기 한국 영화사에 대한 예우처럼 느껴졌다. 그러나 같은 해 이창동이 〈오아시스〉로 베니스 영화제에서 감독상을 받고, 곧이어 2004년에는 박찬욱의 〈올드보이〉(칸 영화제 심사위원 대상), 김기덕의 〈사마리아〉(베를린 영화제 감독상)와 〈빈 집〉(베니스 영화제 감독상)이 세계적 관심을 받는다. 결과적으로 이들의 수상은 한국영화의 '미래'에 대한 격려와 찬사의 성격을 지닌다. 같은 시기 대내적으로 영화 소비 시장의 경쟁력도 확보되며, 2003년에는 최초의 '천만 영화' 〈실미도〉가 탄생한다. 이때부터 한국 영화의 스크린 점유율도 꾸준히 50퍼센트를 상회하며 안정 궤도에 오른다. 'K-무비', 'K-시네마'의 탄생을 추동하는 발전적 에너지가 다져지기 시작한 것이다.

그러나 '영화 한류'의 기반이 조성된 시점부터 지금까지, 한국의 공포영화가 대내외적으로 조명을 받은 사례는 극히 드물다. 단적인 예로, 서른세 편의 '천만 영화' 목록에서 공포영화로 분류할 만한 작품은 〈파묘〉(2024. 10. 기준) 단 한 편에 불과하다. 이 영화는 2024년 최고 흥행작으로 1191만 명 이상의 국내 관객을 동원하였다. 공포영화의 외피를 부분적으로나마 차용하고 있는 사례를 포함한다면 〈부산행〉을 거론할 수 있다. 그렇지만 〈부산행〉은 액션 스릴러물로서의 특징이 훨씬 두드러지며, 재난 영화의 성격을 갖고 있다는 점을 고려하면 공포영화로 분류되지 않는다.

돌이켜보면, '영화 한류'의 잠재력이 축적되던 1998년에 〈여고괴담〉과 같은 흥미로운 작품도 있었다. 〈여고괴담〉은 원한을 지닌 여귀를 등장시키는 전통적인 공포영화의 특징을 일부 차용하면서도 과도한 학업 스트레스를 야기하는 입시제도와 교육현장의 부조리한 권력관계를 고발하는 데 성공한다. 이후 〈폰〉(2002), 〈장화, 홍련〉(2003), 〈알 포인트〉(2004) 같은 도전적인 공포영화들이 등장하면서 소재와 배경, 내러티브 전략 면에서 공포영화의 저변이 확대될 수 있는 조짐이 가시화된다. 그러나 이후 절대 다수의 한국 공포영화는 메인스트림으로 진입하지 못한 채 상업적 실패를 거듭한다. 공포 장르의 일부 클리셰는 범죄 영화, 특히 스릴러 영화의 긴장성을 제고하기 위한 도구로 특정 장면에 활용되거나, 판타지 영화의 초자연적 분위기를 자아내는 데 차용되었을 뿐, 확고한 지위를 확보하진 못한 것으로 보인다.

물론 할리우드에서도 공포영화가 흥행 리스트의 상단을 차지하는 경우는 드물다. 그럼에도 공포영화의 하위 장르들마다 매니악한 팬층을 두텁게 확보하고 있는 것은 물론, 다양한 시리즈물이 지금도 개별적인 역사를 이어가고 있다. 예컨대 〈여고괴담〉과 비슷한 시기에 나온 〈스크림〉(1996), 〈나는 네가 지난 여름에 한 일을 알고 있다〉(1998)와 같은 영화는 슬래셔 무비의 상투적 문법과 전형적인 캐릭터 운영, 시청각적인 약호화 방식을 영리하게 넘나들면서 표준화된 관습을 놓고 '차이'의 게임을 제안한다. 예컨대 공포영화 매니아들이 기억하는 〈텍사스 전기톱 학살〉(1974), 〈13일의 금요일〉(1980)과 같은 작품들, 더 나아가 그 이후의 수많은 시리즈물, 리메이크물, 유사 작품들의 주요 장면들을 전략적으로 환기시키고, 비틀면서 관객의 기대 지평을 위반하는 놀이를 선보이는 것이다.

그와 비교할 때, 한국 공포영화의 시장성과 수용장의 전문성은 빈약한 게 사실이다. 그 때문에 이른바 '오컬트 3부작'으로 명명되는 〈검은 사제들〉(2015), 〈사바하〉(2019), 〈파묘〉(2024)를 내놓은 장재현 감독의 행보는 주목을 요한다. 오컬트물이라는 개성적인 장르 범주를 언급하기 전에, 그는 공포영화의 장르적 본질에 대한 이해도가 매우 높고, 두려움과 불안을 일으키는 대결적 상황을 연출하는 능력이 탁월하다. 이를테면 공포영화의 일반적인 내용[1]은, 인간 사회로 틈입해서는 안 되는 존재(캐릭터)

1 이하 내용은 다음 책들을 참고하여 재해석. Noel Carroll, *The Philosophy of Horror: Or Paradoxes of the Heart,* Routledge, 1990, pp. 15-16; Carol J. Clover, *Men, Women, and Chain Saws: Gender in the Modern Horror Film*, Princeton University Press, 1992, pp. 22-23.

를 등장시키거나 인간 사회의 합리적 질서를 교란하는 초자연적인 현상과 위압적인 상황들(사건)을 활용한다. 그 와중에 비이성적인 사태로부터 점증하는 불안, 불가해하고 탈일상적인 위협으로부터 주어지는 불쾌한 감정을 조장한다. 이때 주인공은 원초적 위험으로부터 회피·탈출하거나 문제의 근본적인 원인을 해명하고 갈등을 봉합하는 임무를 수행해야 한다. 더 적극적인 주인공들은 그가 속한 공동체의 안녕을 유지·회복하기 위해 공포의 기원에 접근해 결정적 대상을 제거하고자 한다.

〈파묘〉의 주요 인물들도 공포의 뿌리를 잘라내야 하는 특수한 임무에 내몰린다. 오컬트 영화의 문법대로, 그들은 현실 세계에서 일상적으로 통용되지 않는 형이상학적·영적 원리를 찾아 특수한 방법을 도구 삼는다. 〈파묘〉의 내러티브 전략에서 두드러지는 부분은 과거/현재, 초자연/자연, 설화/역사의 세계를 넘나드는 입체적 캐릭터들의 대결 관계를 심화시키는 과정에 있다. 신이한 캐릭터들이 탈일상적인 방식으로 맞부딪치는 순간들은 오컬트 장르의 본질적 쾌감을 안긴다. 이에 더해 장재현은 한국인의 의식 배면에 자리한 일본에 대한 역사적 반발감, 혹은 '영악한 일본'이라는 역사적 이미지를 타자화할 때 공유될 수 있는 민족적 정체감을 효과적으로 이용한다. 영화 밖에서 현실 정치권력을 향해 불거진 '친일 논란'을 의식할 때, 피해자(임진왜란), 피식민자(일제강점)로서 집단 기억을 활성화하는 장면들은 의도와 무관하게 즉각적인 '정동(affect)'을 만들어낸다. 〈파묘〉가 '천만 영화'가 된 이유 중 하나는, '기억의 정치(politics of memory)'가 작동하는 장으로 관객을 유인한 후 그들을 진지한 해석 게임에 참여시키는 데 성공했기 때문이다.

지금부터 이 글은 2024년 최대 흥행작인 〈파묘〉의 장르적·정서적 호소력을 확인하기 위해 두 가지 논점에 집중하고자 한다. 먼저는 오컬트 영화의 문법과 관습 안에서 입체적 캐릭터의 대결 국면을 활용하는 방식을 살피고자 한다. 다음으로는 민족 정체감을 공유하며 '기억의 정치'를 작동시키는 순간들을 점검하기로 한다.

'기순애/무라야마 준지'와 '무당/풍수사'

〈파묘〉의 문제적 상황은 영화 속 대사 "여우가 범의 허리를 끊었다"는 은유적 문장으로 요약된다. 대륙을 물고 있는 호랑이(범)는 조선이라는 나라의 국가적 정체성, 더 직접적으로는 민족의 터전(영토)을 의미한다. 여우는 대륙 진출을 탐하는 제국주의 일본을 지칭하는 것으로 볼 수 있다. 그런데 범을 향한 여우의 폭력(끊었다)에 대한 성격은 회고적으로 술회되는 음양사의 존재와 그가 쓴 주술을 통해 구체적으로 확인된다. 〈파묘〉의 일차 '빌런(악역)'이라 할 수 있는 일본 음양사 '기순애/무라야마 준지'는 조선의 정기를 끊기 위해 친일파 박근현의 묘 아래에 섬뜩하고 비밀스러운 주술을 건 인물이다. 심지어 그는 여우이면서 인간인 존재, 곧 인간 사회의 합리적 상식으로 이해할 수 없는 비현실적 '유사 인간'처럼 묘사된다.

그는 조선에 관한 풍수지리에 능통하며, 음양오행이라는 형이상학적 원리를 사악한 욕망의 수단으로 활용할 줄 안다. 뿐만 아니라 비자연적·비가시적 존재의 힘을 적확하게 부릴 줄 아는 인물이기도 하다. 그는 역설적이고 비의적인 능력을 배경으로 끝까지 신비한 존재로 남겨진다. 그렇게 보면 '기순애/무라야마 준지'는 '여우/인간'이면서 '미신/과학'을 넘나들며, '신화적 과거/실체적 현실'을 잇는 결정적 주술을 주관하는 존재다. 역사를 근거 삼을 때, 20세기 초, 조선에 대한 영구적 지배를 궁리했던 일본 제국주의자들이 있었다. 그와 결부 지으면, '기순애/무라야마 준지'는 억압당한 당대 조선인과 그 후손의 관점에서 상상된 요물로서 '영악한 일본' 이미지를 드러낸다.

'기순애/무라야마 준지'라는 이중적 호명에는 역설적 역능이 암시되어 있다. 많은 평자가 이미 언급한 것처럼, '기순애'는 일본어로 여우를 뜻하는 '기쓰네(キツネ)'의 음차로 10세기 헤이안 시대의 전설적인 음양사 아베노 세이메이(安倍 晴明)에 대한 전설에 기반해 만들어진 인물로 보인다. 구전에 따르면 세이메이는 백여우였던 어머니에게서 태어났고, 그의 후손은 메이지 유신에 이르기까지 음양사 가문으로 명성을 떨쳤다. 그의 본명 무라야마 준지는 일제강점기 조선총독부 촉탁 직원으로 일했던 민

속학자 무라야마 지준(村山 智順)을 모델로 삼은 것처럼 보인다. 영화 속에서 여우는 강한 음기에 둘러싸인 곳에 은밀하게 조성된 친일파 박근현의 묘지 부근을 배회하는 이미지로 등장한다. 이때의 여우는 단지 동물이 아니라 '교활한 귀신'의 성격을 띠며 초월적인 세계의 입구를 지키는 존재처럼 그려진다. 몇몇 신에서는 주인공들이 하는 일(파묘/이장)을 섬뜩하게 지켜보는 시선 주체로 묘사되기도 한다. 한편 현실에서 무라야마 지준은 조선의 풍속과 민간 신앙에 대한 방대한 조사를 실시한 학자였고, 자료들을 수집해 여러 권의 책을 남겼다. 학술적으로는 가치를 갖는 저술일 수 있지만, 저의가 조선 반도를 지배하기 위한 정책 수립의 수단이었다는 점, 조선인에 대한 주관적 편견이 개입된 해설이 지면 여러 곳에서 발견된다는 점은 문제적이다.

일본의 전설적인 음양사인 '기순애/무라야마 준지'가 지닌 역설적 역능은 첫째, 요사스러운 주술적 힘, 둘째, 영악한 지적 책략으로 요약된다. 전자의 경우 일본 설화 속 여우 이야기에 산재한 원형적인 공포를 견인한다. 예컨대 타마모노마에(玉藻前), 겐코(玄狐), 구즈노하(葛の葉)처럼 인간의 모습으로 변신해 인간 사회 안으로 틈입한 여우 요괴에 관한 구전은 일본에 산재한다. 그들은 신이한 주술적 마력을 통해 즉각적인 긴장감을 낳는 '유사 인간' 캐릭터에 해당한다. 그런 이미지를 무라야마 지준과 같은 조선총독부 고용 학자의 이미지와 뒤섞은 것은, 이 영화의 내러티브 전략을 짐작케 한다. 결과적으로 '기순애/무라야마 준지'

는 미신과 과학, 초자연과 자연, 설화와 역사의 경계를 넘나드는 존재로 오컬트 영화에 최적화된 빌런에 해당한다.

한편 '기순애/무라야마 준지'와 대결을 펼치는 이들은 한국의 무당, 풍수사, 장의사들이다. 사실상 한 명의 인물을 지칭하지만 '기순애/무라야마 준지'를 영적 주술과 형이상학적 원리를 다루는 '기순애', 조선 땅에 대한 객관적 이해와 침탈을 위한 계략가인 '무라야마 준지'로 구분한다면, 한국 무당들은 대결 구도 면에서 전자인 기순애와 대척점에 놓인다. 이를테면 무당 화림과 봉길은 악령을 정교하게 다루는 기순애와 다투기 위해 서로 다른 역할과 전문성을 내보인다. 한편 후자와의 대결은 땅에 대한 과학적 이해를 견지한 풍수사, 장의사가 맡는다.

한국 최고의 무당으로 알려진 화림은 영적인 문제의 실체를 간파하고, 해결 방안을 제시하며, 대결 과정을 주도하는 인물이다. 예를 들어 그녀는 박근현의 자손들에게 잇따라 나타나는 불길한 사건들을 '묫바람' 때문이라고 규정한다. 〈파묘〉의 서사가 본격적으로 전개되는 장면에 묘를 옮기는 '이장(移葬)'이 있는데, 그 역시 화림에 의해 제안된 것이다. 흥미로운 것은, 그녀가 일본어에 능통하고, 일본의 무속과 주술을 응대하는 최소한의 전략을 갖고 있다는 사실이다. 그래서 원혼을 달래는 성격으로 행해지는 그녀의 대살굿은 그 너머에 도사리고 있는 기순애와의 대결을 의미한다. 한편 야구선수로 살다가 신병에 걸려 무당이 된 봉길은, 화림에 의해 새 삶을 살게 된 인물이다. 그는 북을 치는 악사이기도 하지만, 기본적으로 경문을 외는 법사이기도 하다. 〈파묘〉에서는 귀신이나 혼령을 몸에 받아들이는 신주 역할을 하기도 하며, 〈태을보신경〉을 문신하여 방호적인 주술을 신체화한 인물로 성격화된다. 그 때문에 그는 폭력적이고 극악한 주술을 신체화한 '악령/오니'의 반대편에 서 있는 것처럼 이해되기도 한다. 불가해한 '유사 인간'이 인간 사회의 질서, 특히 한반도의 역사에 영향을 끼치는 것을 막아서는 도구로 그의 경문화된 신체가 활용되기도 한다.

무라야마 준지와 대척점에 놓인 지관(地官) 상덕과 장의사 영근도 서로 다른 전문성으로 협력하는 관계다. 〈파묘〉 초반, 상덕이 흙을 맛보면서 땅의 성분을 읽고 지관으로서 경험을 드러내는 장면은, 그가 '땅을 알고, 땅을 지키는 사람'이라는 인상을 준다. 그의 실천 과정을 보면, 음양오행이라는 영적 원리, 혹은 형이상학의 영역에서 과학으로 통하는 지식이 실효성 있게 동원된다. 조선 땅의 정기를 끊으려는 무라야마 준지에 맞서 그는 문제 상황을 진단하고 해결책을 내놓으며 결정적 실천을 주도한다. 대통령을 염한 장의사인 영근이 상덕과 협력하는 과정은, 봉길이 화림과 맺는 관계와 흡사한 면이 있다. 그는 긴장의 이완을 위해 종종 유머러스한 상황을 만들어내기도 하지만[2], 동티나 살에 대한 정확한 이해를 갖고 있고, 장례를 주관하는 절차를 보

2 '영근(유해진)'이 은근하게 돈을 밝히는 장면과 개신교 장로라는 정보가 관객들에게는 의외의 웃음 포인트가 된다.

조하면서, 추리의 플롯을 진행시키는 데 기여한다. 결과적으로 상근과 영덕은, '기순애/무라야마 준지'의 계략을 단절시키면서 한반도에서 피의 역사를 끊어내는 영적인 실천에 이른다.

그렇게 보면, 〈파묘〉는 공포영화가 줄 수 있는 본질적인 긴장감을, 합리적으로 대칭되는 캐릭터 관계망으로 살려낸 측면이 있다. '악령/오니'가 물리적 신체를 갖고 등장하는 장면부터 공포의 기원을 찾아 들어가는 미스터리·추리 플롯의 긴장감이 줄어드는 건 사실이다. 그렇지만 오히려 대척점에 놓인 이들 사이의 대결 국면은 강화된다. 그로 인해 관객들은 주동 인물군의 여정에 동참하면서 공포의 뿌리를 제거하려는 열망을 계속 공유하게 된다.

'악령/오니'와 '신령/인간'

오컬트 영화의 장르적 쾌감은 초자연적인 세계와의 접촉과 그로부터 촉발된 미지의 현상을 해명하는 과정에서 배가된다. 관객은 금기로 은폐된 지식을 획득해 가면서 불가해한 힘을 과시하는 악령, 혹은 현실에 실질적인 영향력을 행사하는 저주를 해결해야 한다. 오컬트 영화로서 〈파묘〉가 베푸는 긴장감이 비약적으로 폭발하는 순간 중 하나는, 친일파 박근현의 묘 아래에 수직으로 첩장되어 있던 3미터에 달하는 기괴한 관이 발견되는 장면이다. 관에 안치된 것은 악령의 현신처럼 그려지는데, 원래는 일본에 봉인되어 있었던 것으로 설명된다. 그런데 기순애는 임진왜란 때 숱한 조선인을 죽이고, 세키가하라 전투 때 만 명의 목을 벤 후 일본 신사에 모셔진 쇼군의 시체를 주술적 도구로 활용한다. 기순애는 살인귀였던 쇼군의 신체에 그가 쓰던 칼을 박은 후 한반도의 정기를 끊기 위한 초월적인 쇠말뚝을 만든다.

알려진 바에 따르면, 일본이 조선의 정기를 끊기 위해 한반도 곳곳에 쇠말뚝을 박았다는 말은 근거가 불분명하다고 한다. 독립운동가들과 집요한 애국자들이 일제강점기, 그리고 그 이후에도 쇠말뚝을 뽑고 다닌 사례가 있다지만, 그 역시 상당 부분은 소문 위에 덧댄 이야기들이다. 유념할 대목은, 그 '일제풍수모략설'이 21세기를 살아가는 한국인에게 정서적 반감과 함께 여전히 정설처럼 여겨진다는 사실이다. 그에 대해서는 일본의 역대 유력 정치인들의 우려스러운 정치적 행보가 한몫한 것으로 보인다. 피식민의 상흔을 안고 있는 한국인에게 한일관계에 대한 그들의 편의적 언행은 언제든지 저항감을 안길 수 있다. 역사적 피해의 기억이 소환되면, 즉각적으로 적대적인 집단 정동이 확산될 수 있는 것이다.

실제로 〈파묘〉는 조선인이 경험한 피해와 피식민의 경험을 끔찍하고 혐오스러운 캐릭터로 계속 상기시킨다. 충격적인 비밀이 드러나는 장면들 역시 일본에 대한 저항감을 이끌어낸다. 예컨대 일제의 편에 서서 조선인을 억압했던 친일파의 자손이

LA 대저택에서 부귀영화를 누리며 잘 살고 있다는 초반 설정부터가 민족 정서를 건드린다. 그러한 반발감은, 관객에게 미지의 현상을 해명해야 한다는 의지로 전환된다. 이후 〈파묘〉는 친일파 가문에 드리운 죽음의 그림자를 막아내야 하는 이야기에서, 친일의 잔재를 청산하는 이야기로 변모해 간다. 관객들은 민족적 정체감을 재구해야 한다는 신념으로 공포와 맞서기 시작한다. 여기서 '민족적 정체감의 재구'는, 집단적으로 공유해야 할 역사의식을 확인하는 것과 다르지 않다. '묫바람' 문제를 해결하기 위한 주인공들의 분투가 잠재적 관객층 사이에 '기억의 정치'를 작동시키는 셈이다.

일본에 대한 역사적 반감을 불러오는 집단 기억을 활용하는 전략은 다른 장면들에서도 드러난다. 박지용이 할아버지 박근현에 빙의된 채 대동아공영권을 외치며 연설[3]하는 장면도 그중 하나다. 영화 후반부 되살아난 '악령/오니'가 "북으로", "전진"을 외치며 "우리의 전쟁은 끝나지 않았다"고 외치는 장면도 유사한 연상관계에 놓인다고 할 수 있다. 이들 신은 임진왜란과 태평양 전쟁의 성격을 정합하게 연결시키는 데 기여한다. 〈파묘〉에서 반복적으로 언급되는 '험한 것'은 일차 빌런 '기순애/무라야마 준지'의 사악한 주술이고, 더 적확하게는 최종 빌런인 '악령/오니'를 지칭한다고 봐야 한다. 그러나 더 근원적으로는 일본과

3 연설 내용은 다음과 같다. "장하도다 반도의 청춘들이여/수백 척의 비행기와 대포 소리가 들리는가/전진하라 황국의 아들들이여/욱일기 빛나는 햇살에… (중략)/ 너희의 일신을 위대한 황국에 바쳐라!"

의 오랜 관계 속에 고착화된 집단 기억의 내용들을 말하는 것이기도 하다. 지금도 은밀하게 진행되고 있을(지도 모르는) 일본의 영악하고 폭력적인 침탈 욕망이, '험한 것'의 진정한 내포일 수 있다.

소재와 설정, 미장센의 측면에서도, 일본에 대한 부정적 이미지를 통해 민족적 정체감을 끌어내려는 시도를 확인할 수 있다. 일본의 역사와 설화를 뒤섞으며 '일본적인 것'에 대한 반감을 즉물적으로 유도하는 장면들은 주목을 요한다. 첩장된 무덤들 사이에서 발견된 뱀은 긴 머리카락을 가진 인간 여성의 얼굴을 드러낸다. 이 인면뱀은 요사스러운 몰골로 비명을 지르며 죽는다. 평범한 뱀이 주술에 휩싸인 수직관의 기운을 받아 귀신으로 변했는지, 기순애의 주술을 입은 귀신이 의도에 따라 수직관의 결계로 활용되었는지는 불분명하다. 중요한 건, 일본 설화 속 누레온나(Nureonna)의 형상[4]을 한 귀신이 허리가 잘려 죽으면서 흉흉한 빗방울이 서사 무대를 뒤덮는다는 사실이다. 험난한 후반부를 예고하는 이 장면은, 아직 다 눈치채지 못한 기순애의 계략에 대한 반감을 배가시킨다.

마지막으로 '악령/오니'의 혐오스러운 외모와 언행 역시 일본에 대한 공포와 증오를 동반한다. 그래서 그를 축출하는 것은, 역사의식에 따른 서사적 봉합에 해당한다. 강력하고 위협적인 신체를 지닌 채 임진왜란 무렵 쇼군의 복장을 하고 등장한 그는

4 Zack Davisson, *Ultimate Guide to Japanese Yokai*, Tuttle Publishing, 2024, pp. 68-71.

오니[5]의 얼굴을 하고 있다. 쇼군의 복장은 임진왜란 당시 희생당한 조선인들을 떠올리게 하고, 오니의 외모는 인간 사회에 틈입해서는 안 되는 존재라는 정서적 저항감을 견인한다. 〈파묘〉의 클라이맥스 장면은, '악령/오니'가 상덕의 나무 몽둥이에 의해 궤멸되는 순간이다. 상덕은 "불타는 쇠(칼), 그것의 상극은 물(피)에 젖은 나무다"라고 말한다. "물은 불을 이기고 젖은 나무는 쇠보다 질기다"고 읊조린다. 이는 목화토금수 사이의 상극 관계를 이용해 '악령/오니'를 해치웠다는 해석을 정당화한다. 그런데 이를 두고, 초자연적 세계로부터 발원한 위압적인 폭력을 개인적 기지로 막아선 것이라고 말해서는 안 된다. 그가 활용한 음양오행의 지혜는 한민족이 공유해 온 토속신앙과 점복학, 무속의 원리가 결합된 것이다. '악령/오니'를 물리친 상덕의 나무 역시, 백마의 피나 상덕의 피가 묻은 것으로 단순화해서는 안 된다. 조상의 은덕을 기리며 자연(땅)과 화해하는 삶을 꿈꿔온 한민족의 피가 묻은 것으로 이해해야 한다.

바꿔 말해 상덕은 음양오행의 원리를 악용한 일본 음양사의 주술을, 조화롭고 올바른 방식으로 훼파한 것이라 할 수 있다. 상덕과 영근 등은 음산한 무덤의 비밀을 폭로하고, 사악한 저의를 무력화시킴으로써 전통적인 영적 질서를 되찾는 것이다. 이

5 한국의 도깨비가 친근하고 익살스러우며 때론 인간을 돕기도 하는 데 반해, 일본 설화 속 오니는 사악하고 인간에게 위협적이며 때론 사회적 재난을 불러오는 것으로 그려지곤 한다. Noriko T. Reider, *Japanese Demon Lore: Oni from Ancient Times to the Present*, Utah State University Press, 2010, pp. 41-42, 98-100.

를 합리적인 '서사적 봉합'이라고 한다면, 그 배경에는 민족이 지켜온 영험한 땅의 기운에 대한 신뢰가 있다. 조상과 자연을 신령으로 받아들이며 섬겨온 믿음 또한 중요한 동기가 된다. 그렇게 보면 〈파묘〉는 '사악한 일본'을 표상하는 '악령/오니'의 반대편에서 '신령/인간'의 삶과 태도를 강구하는 결말에 이른다고 할 수 있다.

한편 〈파묘〉는 숫자와 이름을 활용해 관객들을 소소한 해석 게임의 장으로 초대한다. 이는 대중비평장을 확장시키는 데 흥미진진한 계기가 된다. 예컨대 영근의 리무진 번호판에 새겨진 '1945'는 조선이 광복을 맞이한 해를 의미하며 상덕의 차 번호판에 적힌 '0815'는 일제로부터 독립한 날을 즉각적으로 떠올리게 한다. 화림이 타는 차의 번호판은 '19무0301'인데, 이 역시 3.1운동이 벌어진 연도와 일시를 동시에 환기시킨다.[6] 더 근본적으로 주동 인물군에 속하는 고영근, 김상덕, 윤봉길, 이화림 모두 실제 독립운동가의 이름을 차용하였다. 죽음의 문턱에 선 봉길 곁을 지키며 악령을 퇴치하는 데 힘을 보탠 여타 무당들의 이름도 독립운동가의 이름(오광심, 박자혜)이다. 영화 속 중요 배경 중 하나인 보국사의 원봉 스님도 광복군 부사령관이자 의열단장이었던 김원봉을 상기시키며, 이러한 정황은 영근의 사업

6 그 외에도 박근현의 무덤 묘비명의 숫자(383417, 1283189)는 북위 38.3417도, 동경 128.3189도를 말하며, 조선의 정기가 모인 '범의 허리'를 지시한다. 생전의 박근현을 도구 삼아 실리를 구했던 일본은 사후에도 그의 묘비를 더럽히며, 그의 관을 활용한다. 이러한 설정 역시 역사적·정서적 저항감을 부추기는 장치에 해당한다.

장 간판 '의열장의사'를 통해 재확인된다. 서사의 발단이 된 친일파 가문의 이름들(박근현, 박종순, 박지용, 배정자)도 을사오적 등 잘 알려진 친일파의 이름을 조합해 만든 것으로 보인다.

요컨대 〈파묘〉가 유도하는 '기억하기'는 역사적 사실이나 설화적 배경에 대한 단순 회상을 주문하는 방식에 그치지 않는다. '기순애/무라야마 준지', '악령/오니'를 둘러싼 서사 정보에 대한 일정한 태도와 입장을 공유하며, 민족적 정체성에 입각한 관람을 추동시킨다. 그래서 이렇게 말할 수 있다. 〈파묘〉를 관람·재관람한 관객들은, 일차적으로 불쾌감과 불안을 낳는 초자연적 존재의 축출 과정을 지지한다. 그러나 더 근본적으로는 역사의식에 기반해 공동체적 질서를 재구축하려는 의식[7]에 참여한 것이다.

아직도 독립운동이 필요하다는 믿음

지금까지 〈파묘〉가 기존 '천만 영화'들과 비교할 때, 공포영화로서 가진 특기할 만한 개성을 해명하고자 했다. 〈파묘〉는 한국 관객에게 상대적으로 낯선 오컬트물의 장르적 관습과 전형적 캐릭터를 활용해 전례 없는 성공을 거뒀다는 점에서 이채롭다. 장재현은 내러티브 정보를 쥐고 적절한 타이밍에 결정적 단서를

7 Paul Connerton, *How Societies Remember*, Cambridge University Press, 1989, p. 70.

흘리면서 공포감과 긴장감을 배가한다. 기순애/무라야마 준지, 악령/오니와 같은 중층적 캐릭터도 인상적이지만, 과거/현재, 초자연/자연, 설화/역사의 경계에서 미지의 현상에 내적 개연성을 만들어내는 스토리텔링도 주목을 요한다.

그런데 '묘벤저스'로 회자되는 주인공들, 곧 무당과 법사, 풍수사와 장의사가 행하는 '기억 정치'의 양상은 한 가지 질문을 품게 한다. 그들이 공유한 신령에 대한 믿음, 조상의 가호에 대한 신뢰, 땅의 기운과 민족적 정기를 지키려는 의지 등은 내러티브를 앞으로 나아가게 하는 보이지 않는 힘이다. 조상 대대로 의지해 온 형이상학적·영적 원리와 전통에 가까운 민간 신앙은 '한국적' 오컬트 영화를 만들 때, 실효성 있는 상상력을 제공한다. 그로부터 초자연적 현상, 비이성적 사태, 탈일상적인 위협을 봉합하는 대중적인 장치를 얼마든지 찾을 수 있다.

그런데 〈파묘〉의 주인공들을 영웅으로 만든 관객 내면의 메커니즘에 대해서는 좀 더 논의가 필요하다. 오컬트 영화라는 것을 감안하더라도 '일본적인 것'들의 이미지를 대상화·도구화하는 방식이 다소 극단적이고, 관객을 그 반대편에 위치시키기 위해 삽입해 놓은 '독립운동'의 정서 역시 다소 단순한 기획에 해당하기 때문이다. 이는 영화 중반을 넘어가면서 미스터리·추리 플롯의 밀도가 떨어진 또 다른 이유다.

한국인에게는 일본과의 관계 안에서 정치적·역사적으로 충분히 해소하지 못한 응어리가 있다. 집단 기억으로 내려앉은 상처에 대한 정당한 사과와 보상은 여전히 사회적 의제로 남아 있다. 이는 한일 양국의 특정 정치권력이 그들의 신념과 가치에 따라 통제하고 규율할 수 있는 게 아니다. 〈파묘〉를 두고, 영화 중반 이후 괴수물로 성격이 변하면서 오컬트물이 줄 수 있는 특수한 긴장감이 감소했다는 평이 있다. 그러한 진단이 일리가 있는 까닭은, 초자연적·비가시적 대상이 주는 공포가 현실에 출현한 가시적 캐릭터에 의한 위협으로 전환되었기 때문이다. 그런데 더 정확히 말하면, '악령/오니' 캐릭터에 대한 정보가 읊어지는 장면은, 민족적 정체감에 입각해 언제든지 활성화될 수 있는 '정체성 정치(identity politics)'의 버튼이 눌리는 순간을 의미한다. 일본에 대한 반발감, 저항감을 주는 이미지와 설정들이 정합하게 연결됨으로써 '축출과 배제의 의지'가 그와 비례하여 상승한 것이다. 그처럼 한국인은 여전히 정도의 차이가 있으나, 독립운동이 필요하다는 믿음을 공유하고 있는지도 모르겠다. 〈파묘〉가 예상 범위의 성공을 거둔 것이 아니라, 예상을 훨씬 뛰어넘어 '사회적 사건'이 된 데에는, 그러한 '기억 정치', '정체성 정치'의 힘이 작동했다고 봐야 한다.

어떤 관점에서 〈파묘〉를 해석하든, 이 작품이 한국 장르영화 수용장 안에 여전히 개척할 수 있는 영역이 남아 있다는 사실을 알린 건 높이 평가받아야 한다. 〈파묘〉가 '천만 영화'가 된 것은, 장르적 다양성과 본격성이 부족했던 '영화 한류'의 틈새가 일부 메워진 사건일 수 있다. 너무 많은 생각이 장재현 감독의 향후 행보를 방해하지 않길 바란다. “나는 두려움이다”라고 자기 선언을 할 수 있는 ‘악령’은 우리 사회 곳곳에 널려 있다.

PART 2

역사 속 악령을 퇴치하다

앨버트 리*

2024년 제74회 베를린 국제영화제에서 첫선을 보인 한국 영화 다섯 편 중 하나로, 장재현 감독이 각본 및 감독을 맡은 〈파묘〉는 또 다른 선정작인 〈범죄도시 4〉를 제치고 올 한 해 한국 최고 흥행작이 됐다.

〈파묘〉는 총 140억 원(1천만 달러 이상)의 제작비[1]가 투입된 오컬트 공포영화이다. 한국 영화로서는 보기 드문 규모의 제작비를 들였고, 2억 달러의 제작비를 들여 전 세계에서 가장 흥행한 애니메이션 영화 〈인사이드 아웃 2〉[2]보다 국내에서 흥행했다.

* Albert Lee, 케네소 주립대학교 시나리오 작법/방송작가 분야 교수.

1 오정민, 〈140억 들여 만들었더니… 영화 '파묘' 돌풍에 "대반전"〉, 《한국경제》, 2024. 04. 03.

2 박스오피스(모조) https://www.boxofficemojo.com/year/2024/?area=KR&sort=gross&ref_=bo_yld__resort#table [최종 검색일: 2024. 11. 18.]

그뿐만 아니라 베트남에서는 〈명량〉, 인도네시아에서는 〈기생충〉의 관객 수를 능가했으며[3], 동남아시아 주요국 두 곳에서 한국 영화 박스오피스 역대 최고 기록을 세웠다. 동시에 호주와 태국에서는 각 영화가 역대 두 번째, 세 번째로 높은 수익을 거뒀다. 스트리밍 시대에 영화의 국내 박스오피스 견인은 드문 현상으로 많은 관객이 재관람하기도 했다.[4] 과연 한국 관객들에게 〈파묘〉의 매력은 무엇이었을까? 다음은 《코리아 타임즈》(2024. 04. 11)에 실린 한 서울 시민과의 인터뷰 내용이다.

"처음 봤을 때 영화 속 장치나 반일 메시지 같은 걸 놓친 부분이 있어서 다시 관람하고 싶어요. 기존 오컬트 영화와 달리 관객에게 충격을 주는 데만 집중하지 않은 점이 인상이 깊었습니다. 풍수지리적 요소를 활용해 독특한 공포감을 자아내서, 다시 보고 싶게 만드는 영화였어요."

세속주의의 만연과 더불어 일제 식민지 시대에 대한 기억이 희미해지고 있음에도, 〈파묘〉는 한국 관객에게 깊은 공감을 불러일으켰다. 풍수지리, 무속신앙, 가문에 내려진 저주, 지난 500여 년의 한일 역사를 다룬 중규모 예산의 공포영화라는 정체성을 가진 〈파묘〉가 어떻게 그렇게 많은 관객에게 한국 문화, 종교, 역사에 대한 친밀도와 관계없이 국경을 초월한 감동을 줄

3 Michael Rosser, "'Exhuma' director Jang Jae-hyun on what lies beneath his horror hit and next project plans('파묘' 장재현 감독, 공포영화 히트 비결과 차기작 계획)," *SCREEN DAILY*, 2024. 05. 02.

4 양승준, 〈"'파묘' 3번 이상 관람, 역대 3위" 극장서 '기생충'보다 더 '팠다'〉, 《한국일보》, 2024. 04. 10.

수 있었던 것일까?

〈파묘〉의 역사적 배경

한국과 일본은 복잡한 역사를 지닌 국가다. 1965년 양국이 외교 관계를 정상화한 이후부터 경제·무역·교육·과학 및 기술·예술·스포츠·문화 분야 등에서 활발한 교류를 이어왔다. 특히 일본은 지난 20년간 한국 드라마, 영화, 음악에 대한 애정을 드러내며 한류 성장에 중대한 영향을 미쳤다. 2004년 일본에 방영된 한국 멜로드라마 〈겨울연가〉를 기점으로 일본에서의 한류 열풍이 시작됐으며, 한국 배우 배용준을 둘러싼 '욘사마' 팬덤이 생겨나기도 했다. 드라마 촬영지였던 강원도에는 일본인 관광객이 급증했다. 이후 한국 요리[5], K-팝, 영화까지 한류 열풍이 지속되고 있다.

한편, 1998년 한국 정부가 몇십 년간 지속했던 일본 대중문화 금지령을 해제하자, TV 시리즈 〈슬램덩크〉나 멜로영화 〈러브레터〉 같은 일본 작품들이 많은 한국인에게 사랑받기도 했다. 특히 〈러브레터〉는 1999년[6] 한국개봉 이후 일본 영화 중 한국에서

5 한식 열풍에는 드라마 〈대장금〉의 역할이 컸다.

6 Min-kyung Jung, "In 1998, Korea Lifts Ban on Japanese Pop Culture(1998년 한국, 일본 대중문화 금지 해제)," *The Korea Herald*, 2024. 09. 06.

가장 높은 수익을 올린 작품 중 하나로 남아 있다. 현재는 많은 한국인이 일본 만화와 애니메이션을 감상하고, 일본식 술집이나 식당에도 빈번하게 방문하며, 여행지로서 일본을 찾는다.

하지만 동시에 일제 식민 지배를 둘러싼 정치적 이슈가 여전히 존재한다. 일부 한국인들은 1910년부터 1945년까지 이어진 일제의 식민 통치가 남북분단의 원인이었다고 주장하기도 한다. 실제로 영화 〈파묘〉에는 한반도 산맥 중간을 38선으로 가로지르도록 한 일제의 저주를 암시하는 부분이 다수 등장한다. 〈파묘〉에서는 이 저주의 뿌리가 지금으로부터 500년 전의 과거에 있음을 설정하고 시간을 거슬러 올라간다. 그리고 16세기 일본 봉건 영주들이 조선 정복을 위해 시도한 침략이 그 기원임을 암시하고 있다.

또한 영토 및 배타적 경제수역을 둘러싼 영유권 분쟁, 위안부 문제 등으로도 한일 양국 간 역사적 적대감이 종종 수면 위로 떠오르곤 한다. 특히 일본 정치인들이 도쿄 야스쿠니 신사에서 참배할 때면 이러한 적개심이 더욱 불거진다. 일본의 제국주의 정부 및 군사가 저지른 잔학 행위에 대한 불만과 더불어 식민 지배 당시 물질적, 사회적으로 이익을 얻고 부와 명예를 후손에게 세습한 친일파들을 향한 원한 역시 존재하고 있다. 심지어 이러한 친일 행위는 사회적 특권층에게만 해당되는 이야기도 아니다.

몇 년 전 대전의 한 고등학교에서 교편을 잡았을 때, 해당 학교 교감으로부터 자신이 초등학생이던 1945년 당시 일본어 대신 한국어를 사용하는 반 친구를 신고하면 포상금을 주는 제도가 있었다는 일화를 전해 듣기도 했다. 한국이 해방되었다는 소식이 전해지자 반 친구들이 힘을 합쳐 밀고자를 동네 언덕에서 밀어 복수를 하려고 했지만, 이성을 놓지 않았던 소수의 학생이 폭력은 해결책이 될 수 없다며 설득해 밀고자의 목숨을 지킬 수 있었다고 한다. 밀고자였던 어린 소년은 훗날 노인이 되었다. 교감은 평화적 화해를 위한 반 친구들의 노력을 후세의 이익을 위한 헌신을 뜻하는 한국의 전통 사상이자 교육 모토인 '홍익인간'[7]과 연결해 자랑스럽게 여긴다며 이야기를 마무리했다.

아이들의 세계와 달리, 성인들의 화해는 그렇게 간단하지 않다. 1940년대 후반, 갓 독립한 한국은 자본, 물적 자원, 조직 역량 부족이라는 엄청난 문제와 싸워야 했다. 1945년 기준 한국인의 약 22퍼센트만이 글을 읽을 수 있었다는 사실[8]은 한국이 마주한 어려움을 여실히 보여준다. 일제강점기에 교육 기회는 엘리트층에게 국한되어 있었기에, 현실적으로 친일 세력을 척결하며 사회 기능을 유지하는 것은 불가능에 가까웠을 것이다. 대한민국 초기에는 김상덕 위원장을 중심으로 반민족행위특별조사위원회가 구성되어 일부 친일파들이 기소되기도 했지만,

7 대한민국 교육부, 〈교육기본법〉, 제1장 제2조. https://www.law.go.kr/LSW/lsInfoP.do?lsiSeq=5396 [최종 검색일: 2024. 11. 18.]

8 Andrea Matles Savada, and William Shaw, eds., *South Korea: A Country Study*(대한민국: 국가 연구), GPO for the Library of Congress, 1990.

1948년 남북 분단 직후 내전이 이어지며 친일 척결 시도는[9] 뒷전이 되었다. 초기 한국 정부는 한국전쟁으로 폐허가 된 국가 재건, 대중 교육, 산업 발전에 집중하며 경제와 정치가 우선순위를 차지하게 되었다. 해방 이후 약 60년이 지난 2005년이 되어서야 노무현 대통령이 이끄는 진보 정권이 대통령 직속 위원회를 설립해 친일파들이 부동산을 통해 부를 세습하는 행위를 추적하기 시작했다.[10]

일제강점기가 남긴 흔적들은 건축물에서도 발견되는데, 실제로 몇십 년간 서울 도심에서 식민지 시대 건물들을 찾아볼 수 있었다. 그중에는 조선의 정기를 차단한다는 명목으로 경복궁 자리에 세워진 조선총독부가 있다. 조선총독부는 식민 통치 행정을 위해 세워져 1995년 철거될 때까지, 서울 구도심에서 궁을 바라보는 시야를 가리는 위치에 자리해 궁의 정기를 가로막고 있었다.[11]

일제 식민 지배에서 비롯된 한국인의 분노가 세대에 걸쳐 내려왔다는 사실을 고려하면, 이와 같은 정서가 시대와 국가에 얽매이지 않는 '귀신'이라는 영적 존재로 표현된다는 사실이 크게

9 Jeong-chul Kim and Gary A. Fine, "Collaborators and national memory: The creation of the encyclopedia of pro-Japanese collaborators in Korea(친일파와 그 역사: 창조 친일파 백과사전)," *Memory Studies*, Vol. 6, No. 2., 2013.

10 Sang-Hun Choe, "Colonial Era Dispute Agitates South Koreans(한국 흔드는 식민지 시대 분쟁)," *The New York Times*, 2024. 04. 04.

11 Jung-Sun Han, "Japan in the public culture of South Korea, 1945–2000s: The making and remaking of colonial sites and memories(한국의 대중문화 속 일본, 1945-2000년대: 식민지 유적과 역사의 재구성)," *The Asia-Pacific Journal*, Vol. 12, Issue 15, No. 2., 2014.

놀랍지는 않다. 한국 통계청의 자료(2015)에 따르면, 한국인의 60퍼센트는 무교이나 종교인에 해당하는 40퍼센트는 기독교, 불교, 샤머니즘을 포함한 한국 토착 신앙 등 다양한 종교를 지녔다고 한다.[12] 무교에 해당하는 한국인 가운데에도 많은 이들이 여전히 조상을 숭배하며 그들의 영혼을 기리기도 한다.[13] 이러한 배경은 장재현 감독과 같이 한국의 이념적 다양성을 적극 활용해 자신만의 작품세계를 구축하는 각본가, 영화감독들에게 풍부한 영감을 제공할 수밖에 없을 것이다.

〈파묘〉는 서양의 기독교와 동양의 종교 신앙 요소를 모두 담고 있어, 국내는 물론 전 세계 관객들의 공감을 유도한다. 장재현 감독은 〈파묘〉를 통해 한국의 샤머니즘, 풍수지리, 불교를 바탕으로 한국의 역사에 오랫동안 묻혀 있던 악령을 퇴치하는 스토리를 다뤘다.

〈파묘〉의 성공

《스크린 데일리》와의 인터뷰에서 장재현 감독은 〈파묘〉의 상업

12 "Results of the 2015 Population and Housing Census(2015 인구주택총조사 결과)," Korean Statistical Information.

13 Jonathan Evans, Alan Cooperman, Kelsey Jo Starr, Manol Corichi, William Minder and Kirsten Lesage, "Religion and Spirituality in East Asian Societies(동아시아 사회의 종교와 영성)," Pew Research Center, 2024. 06. 17.

적 성공에 놀라움을 표했다.[14] "소수 마니아들을 위한 영화를 의도했는데, 어쩌면 그쪽으로는 실패했다고 봐야겠습니다." 물론 소수 마니아들을 위해 저예산으로 만든 영화 중 최민식처럼 세계적으로 인정받는 배우 혹은 유해진, 김선영 등 실력파 배우들이 주연을 맡거나, 김고은, 이도현 등 라이징 스타가 출연하며, 국내 최고 촬영감독이 참여한 영화는 많지 않다. 친만 달러를 조금 넘긴 예산으로, 장 감독을 필두로 한 제작진은 블록버스터 영화에 버금가는 작품을 선보였다. 안개가 자욱한 강원도의 산골짜기, 대도시 서울의 현대적인 전망, 그림자에 드리워진 저주받은 박씨 일가의 모습, 지옥불에 역광을 받는 악령, 함께 식사하는 인물들의 일상적인 모습까지. 감독은 이 모든 장면에서 〈서울의 봄〉, 〈좋은 놈, 나쁜 놈, 이상한 놈〉과 같은 대작에 버금가는 수준의 장인 정신을 또 한 번 보여줬다. 감독의 전작 〈사바하〉와 마찬가지로 정병진 편집감독이 안정된 페이스로 까다로운 몽타주를 매끄럽게 처리해 영상의 집중도를 높였다. 특히 작중 등장인물 '화림'의 악령을 속이기 위한 대살굿 장면을 담은 6분짜리 시퀀스는 한국 전통 의식을 가장 매력적으로 묘사한 대목이었다. 사운드와 색감을 탄탄하게 정비한 후반 작업과 더불어 기술 스태프들의 총체적인 노력으로 〈파묘〉는 전 세계 관객들에게 놀라운 영화적 경험을 선사할 수 있었다.

〈파묘〉가 전반적으로 완성도 있는 기술력을 보여주긴 하지

14 Michael Rosser, *op. cit.*

만, 지난 20년간 한국 영화 및 영상 산업계가 세계적 수준의 기술력을 자랑해 왔기에 그리 놀라운 일은 아니다. 결국 차별점은 장재현 감독이 집필한 각본에 있다. 겉보기엔 이질적인 동양인 주인공들을 서양식 장르 클리셰에 등장시켰을 뿐만 아니라, 빛과 어둠을 넘나드는 여정을 현대 관객들의 취향에 부합하도록 영리하게 구성한 것이다. 그러나 장재현 감독의 전략이 다른 제작사에게도 매력적일지는 아직 미지수다.

〈파묘〉의 등장인물

시나리오를 쓰는 학생들에게 나는 모든 것은 캐릭터에서 시작된다고 말하곤 한다. 보통은 서사를 구축할 때 매력적인 등장인물이 목표를 달성하기 위해 고군분투하는 여정을 보여주고자 하는 것이 일반적이다. 이론적으로는 간단해 보이지만, 실제로 이를 구현하기는 놀라울 정도로 어렵다.

〈파묘〉의 줄거리는 대략 이렇다. 조셉의 아버지 지용이 젊은 무속인인 화림을 로스앤젤레스로 부른다. 이후 풍수사 김상덕은 장의사 고영근과 함께 화림의 의뢰를 받게 된다. 이들은 화림, 화림의 제자 봉길과 함께 한국계 미국인인 박씨 가문의 저주를 물리치려 한다. 마지막 희생자로는 박씨 가문의 갓난아이인 조셉이 지목된다. 화림은 주로 전통적인 무속 의식을 통해, 때로는 현대적 의식을 가미하여 스토리를 이끌어간다. 상덕과 영근은 화림이 5억 원을 주겠다고 제안해서 이 일에 뛰어들게 되었다.

〈파묘〉는 빛과 그림자, 음과 양 같은 종교적 이원성을 강조하는데, 오프닝 타이틀 3분 후에 중첩된 텍스트로 나타나는 첫 번째 장의 제목은 '음양오행'이다. 감독은 이러한 이원론적 접근 방식을 캐릭터 구성에도 적용해 대조적인 캐릭터 쌍을 설정했다. 이야기의 주축인 상덕과 화림의 대조에서 시작해, 노쇠와 전통을 젊음과 현대에 대비했다. 동양 사주학을 따르는 상덕과 서양 기독교를 따르는 영근, 여성 스승과 남성 제자인 화림과 봉길이 대치되기도 한다. 네 명의 인물들은 초자연적인 힘을 합쳐 퇴마의식에 참여할 뿐만 아니라, 급변하는 한국사회를 각기 다른 방식으로 헤쳐나가는 모습을 보여주고 있다. 전통주의자인 상덕은 독일에서 항공우주 엔지니어로 일하는 자신의 임신한 딸이 서양인과 결혼하겠다 말하자 고민에 빠진다. 도시적인 무속인 화림과 봉길은 테이크아웃 피자를 먹고, 에어팟을 끼고, 스피닝 수업을 들으며, 영적인 능력과 기업가적인 접근 방식을 혼합한다. 독실한 기독교 신자 영근은 성경 공부에 열심으로 성경을 인용하는 모습을 보이지만, 의뢰인의 무덤에서 금 장신구를 슬쩍하기도 한다. 이는 종교적 신념을 드러낸다기보다는 한국 현대사회에서 그만큼 생계가 어렵다는 것을 보여주는 장치일지도 모른다. 동시에 장재현 감독은 유일하게 화림과 상덕에게 자신의 목소리를 내게 하며, 각자의 관점에서 이야기를 바라보도록 유도한다. 이는 두 사람을 동전의 양면, 음과 양으로 바라보는 듯하다. 결국 영화는 딸의 결혼식에 화림과 봉길, 영근을 초대하면서 상덕의 시선으로 마무리된다.

〈파묘〉의 스토리 및 구조

장재현 감독은 할리우드식 스토리텔링에 익숙한 해외 관객에게 친숙한 방식으로 영화를 구성하고, 그 가운데 자신만의 개성을 가미했다. 특히 〈파묘〉에서는 스트리밍 시대에 적합한 두 가지 구조적 특징을 활용하고 있다. 장 감독은 일반적인 3막 구조를 바탕으로, 전체를 다양한 길이의 총 6개 챕터로 세분화했다. 영화 평론가이자 감독인 피어스 콘란(Pierce Conran)[15]은 이와 같은 구조를 스트리밍 사이트에서 흔히 찾아볼 수 있는 에피소드식 작품에 비유하기도 했다. 또한 장재현 감독은 이야기를 중간 지점에서 전환하여, 단순 액션 위주의 줄거리에서 관객이 정서적으로 깊이 몰입할 수 있는 주제로 확장했다.

〈파묘〉는 전형적 내러티브 영화답게 자극적인 사건의 발생으로 시작된다. 부유한 한인 박지용이 이끄는 박씨 가문은 알 수

15 Pierce Conran, "EXHUMA Review: Digs Up Ghoulish Thrills in Spades(파묘 리뷰: 소름 끼치는 스릴을 파헤치다)," *Screen Anarchy*, 2024. 03. 07.

없는 병에 걸린 지용의 아들 조셉을 구하기 위해 무속인 화림에게 도움을 청하게 된다. 화림은 그 원인이 돌아가신 지용의 할아버지가 자손에게 행하는 화풀이라 생각해, 도움을 청하기 위해 유명 풍수사 상덕을 찾아간다. 화림이 제시한 높은 금액에 솔깃했던 상덕은 박씨 가문의 묘지에서 불길한 징조인 여우를 본 후 고민에 빠지고, 결국 제안을 거절한다. 조셉 캠벨의 저서 『영웅의 여정』[16]을 아는 사람들은 해당 장면이 '제의 거절'이라는 스토리텔링 기법을 따르고 있다는 것을 눈치챌 것이다. 할리우드식 스토리텔링에서 흔히 사용되는 이 기법은 극적 긴장감을 조성하는 데 사용되는데, 〈파묘〉에서는 화림이 상덕에게 제안한 사건이 쉽게 해결되지 않을 것임을 암시한다.

하지만 상덕은 지용이 자식을 둔 아버지의 입장을 언급하며 감정에 호소하자 흔들린다. 결국 풍수사라는 자신의 직업이, 딸의 직업인 항공우주 엔지니어와 마찬가지로 흙, 물, 불, 금속, 나무라는 다섯 가지를 중심으로 자연을 분석하는 일이라고 이야기하며 어렵게 지용의 의뢰를 수락하기로 한다. 하지만 상덕은 할아버지의 묘비 뒷면에 '38.3417, 128.3189'라는 숫자가 새겨져 있는 것을 지적하며 지용이 뭔가 숨기고 있는 것이 아닌지 추궁한다. 사실 묘비 뒤편의 숫자는 무덤의 위치에 해당하는 위도와 경도의 좌표였다. (이후 설명에 따르면, 영화 전반에 반복적으로 등장하는 이 좌표는 한반도 동쪽 가장자리를 따라 이어지는 산줄기의 중간 지점을 가리

16 Joseph Campbell, *The Hero's Journey*, New World Library, 1990.

킨다. 또한 이 지점은 강원도를 통해 한반도를 남북으로 양분한다. 훗날 상덕은 해당 묘비에 대해 한반도의 척추 한가운데에 쇠말뚝이 박혔다고 표현하며, '여우가 범의 허리를 끊었다'고 말한다.) 하지만 지용은 조부의 묘지가 정체를 알 수 없는 스님 기순애[17]가 제안한 못자리라는 사실을 상기시킨다. 상덕은 저렇게 위험한 자리에서 무덤을 이장하는 것은 매우 위험하다며 의구심을 표한다. 또한 기순애의 판단을 남북을 가르는 비무장지대에 널려 있는 지뢰에 비유하며, 그곳을 파묘하는 일은 손으로 지뢰를 파내는 것과 마찬가지라는 이야기를 덧붙인다.

상덕의 우려에도 화림은 파묘와 대살굿을 동시에 진행하면 이들을 보호할 수 있다는 실험적인 해결책을 제안한다. 이후 파묘는 별문제 없이 진행되고, 지용 조부의 관을 영구차에 무사히 실은 영근은 상덕에게 무사히 끝났다며 안심시킨다. 물론 영화가 시작되고 36분이 채 지나지 않은 시점, 3막 구조의 장편 영화에서 1막이 끝날 무렵에 나온 말이기에 안심하기에는 이르다. 실제로 영근의 발언 직후, 일꾼 창민이 묘지에서 우연히 머리 없는 뱀을 발견하고 삽으로 죽이려다 사고를 당하는 등 불길한 상황이 이어진다.

상처 입은 뱀은 날카로운 비명을 지르며 하늘로 올라가고, 폭풍우가 몰아쳐 화장을 미룰 수밖에 없게 된다. 비바람이 치는 날 시신을 처리하는 것은 미신적으로 불길하다 여겨지기 때문이

17 '기순애'는 일본 민담에 등장하는 요술 여우인 '키츠네'와 비슷하게 들린다.

다. 그러나 다행히 인근 병원 영안실에 연고가 있는 장의사 영근을 통해, 한국전쟁 이전에는 북한에 속했던 고성으로 관을 옮긴다. 고성의 장의사는 이 관속의 인물은 왕의 총애를 받았을 것이라는 농담을 건네며, 몹시 고급스러운 특이한 관에 관심을 가진다. 결국 그는 단순 호기심인지 탐욕인지, 혹은 영적 빙의에 의해서인지 알 수 없는 이유로 관을 열어버리고, 저주받은 박씨 가문을 위험에 빠뜨리게 될 영혼을 불러낸다. 감독이 구성한 6개의 챕터 중 세 번째는 이렇게 출발한다.

각 챕터는 화면에 제목이 중첩되며 시작된다. 1장 음양오행, 2장 이름 없는 묘, 3장 혼령, 4장 동티, 5장 도깨비불, 6장 쇠말뚝 순이다. 각 장의 길이가 10분 46초에서 36분 16초까지 다양하고 평균 길이가 약 8~13분인 것을 생각하면[18], 일부 관객들은 체코의 영화감독 프랭크 다니엘(Frank Daniel, 체코 영화학교 FAMU와 AFI, 콜롬비아, USC에서도 강의했다)이 애용했던 시퀀스 구조를 떠올릴 수도 있겠다. 해당 시퀀스 구조는 비공식적으로는 '투 릴러(two-reeler)'라고도 알려져 1910년대부터 1950년대까지 인기를 끌었던 할리우드 장르를 기반으로 한다. 각 릴(reel)은 오늘날 장편 영화의 시퀀스에 해당하는 약 10~12분 분량의 영상으로

18 괄호 안 숫자는 챕터 시작 시간, 이어지는 것은 상영 시간.
1장: 음양오행 (4:09)_14:22
2장: 이름 없는 묘 (18:31)_26:07
3장: 혼령 (44:38)_20:13
4장: 동티 (1:04:51)_10:46
5장: 도깨비불 (1:15:37)_17:52
6장: 쇠말뚝 (1:33:29)_36:16

구성되어 있다. 이러한 기법은 폴 굴리노(Paul Joseph Gulino)[19], 말리아 스카치 마르모(Malia Scotch Marmo) 등 프랭크 다니엘이 가르친 제자들의 작품뿐만 아니라 〈잃어버린 성궤의 추격자들〉[20]과 같은 주류 할리우드 영화에 사용되기도 했다. 또한 〈파묘〉의 6개 챕터 구성을 옛 영화 기법, 스필버그 영화의 시퀀스 기법, 최신 스트리밍 에피소드식 구성이라든지 여러 시각으로 분석하기도 한다. 이렇게 2시간 이상의 러닝타임을 가진 영화를 6개의 개별 스토리 단위로 구분한 것은 현대인의 짧은 집중력과 시청 습관에 잘 맞아떨어지는 듯도 하다.

장재현 감독은 챕터식 구조 외에도 할리우드 영화 제작에서는 흔하지만 한국 영화계에서는 흔히 사용되지 않는 '미드포인트'라는 또 다른 구조적 장치를 사용한다. 미드포인트는 스토리 중간에 주인공이 새로운 정보를 발견하여 방향을 전환하는 지점을 말한다. 미드포인트를 활용하면 주인공이 더 긴급하게 목표를 달성해야 하는 사건이 발생하며 지분이 높아지게 된다. 주인공이 하나의 목표에 집중하고 더 큰 결의를 다지며 목표를 향해 나아가게 될 수도 있다. 또는 주인공이 더 광범위한 목표를 추구하게 되기도 한다. 이 경우 주인공의 개인적인 관계가 드러나기에 관객들에게 더 깊은 감정적 몰입이 요구되는 경우가 많

19 Paul Gulino, *Screenwriting: The Sequence Approach*(시나리오 작성: 시퀀스 접근법), Continuum, 2004.

20 George Lucas, Steven Spielberg and Lawrence Kasdan (as Larry Kasdan), *Raiders of the Lost Ark*(잃어버린 성궤의 추격자들), Story Conference Transcript, pp. 23-27, 1978.

다. 영화 각본 작문을 배우는 학생들에게 미드포인트를 가르칠 때, 영화 스토리텔링을 '액션 라인'과 '관계 라인'으로 분류한 린다 아론슨(Linda Aronson)의 〈21세기 시나리오(The 21st-Century Screenplay)〉[21]를 자주 참고하곤 한다. '액션 라인'이란 주인공, 목표, 장애물, 갈등 등 줄거리 중심의 스토리라인으로, 일반적으로 주인공의 변화를 촉진하는 역할을 한다. 관객을 영화에 몰입하게 돕는 가장 기본적인 스토리 구성이다. 하지만 작품성이 짙은 영화는 '관계 라인'이 주제적 차원에서 스토리의 핵심이 되는 경우가 많으며, 중반부에 이르러 뚜렷하게 드러나는 경향이 있다. 관객에게 더 깊은 감정적 영향을 미치는 것은 바로 이 '관계 라인'에 속하는 이야기이며, 감상 후 관객의 기억 속에 남는 것도 이 '관계 라인'이다. 〈파묘〉의 경우에는 악한 조상의 영혼이 내린 저주로부터 부유한 집안의 후계자를 구하기 위해 고용된 네 명의 영적 능력을 갖춘 인물들이 액션 라인의 중심이 된다. 그런데 극 중반 이미 후계자인 조셉은 구출되었고, 악령인 지용의 조부는 무력화되었으며, 지용은 목숨을 잃게 되어 보통은 이야기가 끝났다고 생각할 수 있다. 하지만 영화 중간중간 상덕의 차에 달린 내비게이션[22]에서 도굴업자 창민의 집으로 경로가 변경되었음을 알리는 목소리가 나오면서, 관객들 역시 반전을 향해 경

21 Linda Aronson, *The 21st Century Screenplay*, Silman-James Press, 2011.

22 오프닝 타이틀과 엔딩 크레딧을 제외하면 영화의 러닝타임은 2시간 9분. GPS 내비게이션이 "목적지로 경로를 변경 중"이라고 이야기하는 시점은 영화가 시작되고 1시간 4분 45초가 지났을 때이다.

로를 변경하게 된다.

영화 4장에서 상덕은 병에 걸린 도굴업자 창민을 찾아가, 박씨 가문의 무덤에서 발견되었던 머리 없는 뱀에 대해 알게 된다. 이를 계기로 네 명의 등장인물은 무덤에서 재회하게 되고, 첫 번째 관이 묻힌 자리 아래에 수직으로 묻힌 두 번째 관을 발견한다. 그대로 두자는 화림의 제안에도 불구하고 상덕은 관을 파내 그 운명을 박씨 일가에 맡기자고 주장한다. 네 사람은 결국 그 과정에서 한국의 역사를 파헤치고 16세기 일본 장군의 악령에 맞서면서, 놀라운 반전을 거친다. 영화에 은근히 묻어나는 특유의 문화적 색채와 역사적 디테일이 관객의 몰입도를 방해하고 접근을 가로막는 진입 장벽처럼 보일 수도 있지만, 역설적으로 온라인에서는 관객들의 참여를 유도한 것으로 보인다.

필자 역시 첫 관람 시 고대 일본어를 사용하는 영혼이 현대의 한국인 위에 군림하는 장면을 보고 고개를 절레절레 흔들었다. 그렇지만, 이 글을 작성하기 위해 조사를 거치면서 트위터, 틱톡, 유튜브 및 다양한 팬 사이트에서 풍부한 해석을 발견해 영화를 새로운 시각으로 바라볼 수 있었다. 예를 들어, 주인공 상덕의 이름은 1948년 친일파 수사를 감독한 실존 인물의 이름을 따온 것이라는 점 등이 그렇다. 〈파묘〉에 등장하는 인물들의 역사적 실명을 언급하며 해석을 제시하거나, 〈파묘〉와 다른 영화 간의 상호 텍스트적 연결 가능성을 제시하는 콘텐츠들도 있었다.[23] X(전 트위터) 사용자 'buzzfourm'이 제시한 한 가지 예가 있다. 첫 파묘 후 상덕이 땅에 대한 감사의 표시로 박씨 가문의 묘지에 100원짜리 동전을 던지는 장면이다. 배우 최민식은 영화 〈명량〉[24]에서 이순신 장군을 연기했다. 한국 역사를 아는 사람이라면 이순신 장군이 임진왜란 당시 왜구와 맞서 싸우며 혁신적인 리더십으로 명성을 얻은 국민적 영웅이라는 사실을 인지하고 있을 것이다. 이순신 장군은 100원 동전에도 그 모습이 새겨져 있을 정도로 한국인들에게 널리 알려진 인물이다. 전통적으로 파묘 후 사용하는 10원짜리 동전이 갈색 흙 위에서 또렷하게 찍히지 않아 어쩔 수 없는 선택이었다며 비록 장재현 감독이 연관성을 부인했지만, 이러한 논리는 글로벌 온라인 팬 커뮤니티의 발달로 촉진된 관객 참여의 한 형태를 보여준다. 장재현 감독이 〈파묘〉를 창작하는 과정에서 한국의 역사적 인물과 샤머니즘을 둘러싼 한국 전통을 깊이 파고들며 철저한 조사를 진행했기 때문에, 일부 관객들은 해당 영화가 '이스터에그' 찾기와 같은 상호작용이 존재하는, 영화 관람 이상의 경험을 선사한다고 보고 있다. 팬픽션, 코스프레, 이스터 에그 찾기를 유도하는 할리우드 블록버스터 영화에서는 이러한 장치가 완전히 새로운 것이 아니지만, 〈파묘〉와 같은 저예산 장르영화에서는 다소 드

23 임승혜, 〈'파묘' 속 풍수와 도시 전설: 당신이 이해해야 할 모든 것〉, 《중앙일보》, 2024. 03. 24.

24 buzzfourm, X, 2024. 05. 04. https://x.com/buzzfourm/status/1764674514305335329 [최종 검색일: 2024. 11. 18.]

문 현상이다. 장 감독은 제작 당시 이스터 에그를 숨겨놓을 의도는 없었다고 언급한 바 있지만[25], 〈파묘〉의 놀라운 성공을 이끈 동력은 소셜 미디어를 통해 새로운 형태의 관객 참여를 이끌었다는 점이라 보여진다.

맺음말

이 글의 서두에서 인용한 인터뷰 속 서울 시민은 〈파묘〉 속 '반일 메시지'를 언급했지만, 영화 각본 및 감독을 맡은 장재현은 국내 주요 언론사와의 인터뷰에서 〈파묘〉는 반일 영화가 아니라고 주장해 왔다.[26] 오히려 그는 이 땅과, 이 땅의 사람들에 대한 영화라고 표현했다. 풍수지리학자를 주인공으로 선택한 것과, 상덕이 끊임없이 땅에 대해 언급하는 것, 16세기 일본 봉건 세력의 침략과 일제의 한반도 식민 지배를 험난한 지형으로 상징하는 것을 통해 이를 알 수 있다. 여기서 험난한 지형 역시 동해의 풍요로운 바다, 백두산의 높이 솟은 절경과 같이 한국 고유의 것을 나타낸다. 물론 장재현 감독이 《조선일보》와의 인터뷰에서 〈파묘〉가 한국 관객들에게 아픈 역사를 상기시켜 슬픔의

25 Jieae Sohn, "'EXHUMA' Director JANG Unveils Gripping 'TOMB EXHUMED SCENE'! (파묘 장재현 감독: 한국 오컬트의 거장) [The Globalists]," ArirangTV, 2024. 03. 13.

26 한현정, 〈장재현 감독 "'파묘' 항일 영화아냐… 日서도 장르적 재미 통하길"[인터뷰③]〉, 《매일경제》, 2024. 03. 21.

감정을 유발할 수 있다고 언급했듯[27], 영화 해석에서 복잡한 한일 역사를 완전히 배제하고자 하려는 의도는 아니다. 하지만 장재현 감독은 "〈파묘〉의 95퍼센트는 스릴러 장르만이 제공할 수 있는 순수한 오락물이기를 바랐다"라며, "이런 관점에서는 일본 관객들 역시 영화에 몰입하고 즐길 수 있다"라고 밝히기도 했다.[28] 장재현 감독은 〈파묘〉가 관객들에게 신선하게 다가가는 장르영화가 되기를 바란다고 밝혔으며, 그의 말마따나 영화가 지닌 오락성은 일본 관객들 역시 영화에 몰입하고 즐길 수 있는 이유가 되었다. 그렇다면 95퍼센트의 '순수한 오락물'이 아닌 나머지 5퍼센트에 대해서는, 한국 영화의 식민지 시대 표상을 다룬 UC버클리 안진수 교수의 저서 일부를 인용하고 싶다. 그는 공포 장르에 대해 "불안하지만 억압된 사회적 딜레마를 극화하는 문화 양식으로 이론화되어 왔다"고 말한다.[29] 장재현 감독의 작품에서 이러한 극화는 등장인물과 한국 관객들에게 카타르시스를 주는 동시에, 오랫동안 묻혀 있던 사회 문제를 다시 수면 위로 떠오르게 하는 효과를 발휘했다. 〈파묘〉는 영적인 능력을 가진 네 명의 인물들이, 좁게는 부유한 한국계 미국인 가정, 넓게는 한국사회 전반에 영향을 미쳐온 고대의 저주 뒤에 오랫

27 백수진, 〈'파묘' 장재현 감독 "반일-좌파 영화? 동의 안 해…한국인이라면 갖는 슬픔 담아"〉, 《조선일보》, 2024. 03. 25.

28 신민희, 〈장 감독, '파묘'는 '95퍼센트 순수 오락물'〉, 《중앙일보》, 2024. 03. 23.

29 Jinsoo An, "Horror and Revenge: Return of the Repressed Colonial Violence(공포와 복수: 억압된 식민지 폭력의 귀환)," *Parameters of Disavowal: Colonial Representation in South Korean Cinema*(부정의 매개변수: 한국영화의 식민지 재현), University of California Press, 2018.

동안 숨겨져 있던 진실을 밝혀내 이를 폭로하고, 나아가 한국을 위협하는 과거의 악령을 퇴치하는 과정을 그리고 있다. 그 과정에서 박씨 가문의 후계자 조셉은 구출되지만 지용을 비롯한 박씨 집안 어른들은 희생되는데, 이는 미래가 살기 위해서는 과거가 죽어야 한다는 의미를 갖기도 한다. 한편, 네 인물들은 각자의 개인적인 시련도 극복해야 한다. 상덕, 화림, 봉길, 영근은 시련을 함께 나누며 새로운 가족을 이루고, 영화는 희망적인 결말로 마무리된다.

〈파묘〉는 할리우드 블록버스터 영화와 넷플릭스를 비롯한 스트리밍 서비스로 급변하고 있는 글로벌 미디어 환경 속 한국 영화 산업계에도 한 줄기 빛과 같다. 〈검사외전〉은 비교적 적은 예산으로 한국식 캐릭터 및 주제를 지닌 장르영화를 할리우드식 스토리텔링과 결합하여 흥행에 성공했다. 〈검사외전〉 역시 디지털 및 소셜 미디어 플랫폼에서 관객 참여를 유도하는 데 성공한 사례로 꼽을 수 있다. 이는 한국 영화 산업이 아시아의 다른 국가에서도 지속적인 성공을 거두는 데 기여하는 전략일 수도 있지만, 동시에 취약점을 지니고 있다. 〈파묘〉와 같이 풍부하고 다층적인 이야기를 창작하기 위해서는 많은 시간과 노력, 연구가 필요하다. 장재현 감독은 서울 소재 케이블 채널 〈아리랑 TV〉와의 인터뷰에서 각본 및 영상의 정확성을 확보하기 위해 50명 이상의 무속인과 상담을 거쳤다고 밝혔다.[30] 모든 영화 제

30 Jieae Sohn, *op. cit.*

작자가 이토록 많은 시간과 자원을 투자할 수는 없는 노릇일 것이다. 장재현 감독조차 전작 〈사바하〉가 2019년 넷플릭스에서 공개된 이후 〈파묘〉를 내놓기까지 5년이라는 시간이 걸렸다. 하지만 장재현 감독은 영화 제작에 대한 철저한 접근 방식, 영적인 주제에 대한 개인적인 흥미, 한국적인 소재와 서양식 스토리텔링을 결합하는 능력으로 본인만의 작품세계를 구축할 수 있었다. 장재현 감독은 현재 국내뿐만 아니라 국제적으로도 주목할 만한 영화감독으로서 그 이름을 알리고 있다.

일본에서 개봉한 〈파묘〉의 성공*

일본에서 2024년 10월 개봉한 〈파묘〉의 흥행 수입이 1억엔(2024. 11. 12.)을 돌파했다. 〈파묘〉는 국내 개봉에서 올해 처음으로 천만 관객을 동원했고, 개봉 8개월 만에 일본에서도 개봉했다. 이 영화의 곳곳에 스며 있는 항일 서사와 일본 샤머니즘, 괴담 등의 설정 때문에 이 영화가 일본에서 어떻게 받아들여질지에 대해서도 관심이 집중됐다. 우리 땅과 민족을 동일한 선상에 두고, 파묘 후 나온 '험한 것'을 일본 다이묘에 빗대었으며, 외세의 침략 트라우마를 다룬 이 영화에 대해 일본 개봉 후 거부감도 존재했지만, 유명 배우들의 열연과 전통 괴담의 현대적 해석에 대해서 호평이 이어졌고 꾸준히 사랑받는 중이다.

〈파묘〉는 베를린 국제영화제, 베이징 국제영화제, 우디네극동영화제 등에 초정되었고 판권은 뉴질랜드, 싱가포르, 북미, 영국, 인도네시아, 대만, 베트남 등 133개국에 판매되었다.

〈파묘〉 해외 개봉 일자(2024)

개봉 일자	개봉 국가
2월 23일	몽골
2월 28일	인도네시아
3월 8일	대만
3월 14일	호주 및 뉴질랜드, 싱가포르, 말레이시아, 브루나이
3월 15일	북미, 영국 및 아일랜드, 베트남
3월 20일	필리핀
3월 21일	태국
4월	홍콩 및 마카오, 캄보디아

〈자료〉 이데일리(2024. 03. 12)

* 홍진혁, 〈'파묘', 일본서 대성공…흥행 수입 1억엔 돌파〉, 《TV report》, 2024. 11. 12.

PART 1

공공의 판타지, 〈눈물의 여왕〉 그 과잉의 미학

조한기

PART 2

〈눈물의 여왕〉 속 친밀감과 로맨스

파수트 라수카

• K-드라마 성공의 빛과 그림자

[드라마]

눈물의 여왕

세기의 결혼으로 떠들썩하게 부부가 된 퀸즈 그룹 재벌 3세 '홍해인(김지원)'과 용두리 슈퍼마켓집 아들 '백현우(김수현)'는 3년이 지나자 남보다 못한 사이가 되어 있다. 헤어질 결심으로 기회를 엿보던 백현우는 아내 홍해인의 시한부 사실을 알게 되고, 정적과 연적들이 만들어낸 여러 위기 상황을 헤쳐나가며 다시 서로의 사랑을 확인한다. 최고 시청률 31퍼센트를 기록하며 인기를 얻은 드라마이다.

- 방영일 : 2024년 3월 9일~2024년 4월 28일
- 편성 : tvN
- 극본 : 박지은
- 연출 : 장영우, 김희원
- 출연 : 김수현, 김지원, 박성훈, 곽동연 등

PART 1

공공의 판타지, 〈눈물의 여왕〉 그 과잉의 미학

조한기*

과잉의 재발견

드라마는 진실한 감정을 전달하기 위해 삶의 단면을 손쉽게 과장한다. 우리는 이때 발생하는 정서적 응축을 '과잉'이라 부른다. 만약 과잉이 드라마를 이끄는 가장 유력한 미학적 특성이라면, 이는 단순히 감정을 과장하거나 극적 전개를 위한 수단 이상의 의미를 지닌다. 겉보기에 대립되는 듯한 과잉과 진실 사이의 거리는 감정의 깊이와 표현 방식이라는 서사적 경계에 의해 미묘하게 조율된다. 과잉은 극화된 감정과 상황을 통해 삶의 진실한 순간을 더욱 생생하게 드러낸다. 과잉과 진실 사이의 거리는 수사적 표현과 정서적 체험의 경계에 놓여 있으며 이 간격이 좁

* 경희대학교 K-컬처 · 스토리콘텐츠연구소 학술연구교수.

혀지는 순간, 드라마는 시청자에게 일상을 벗어난 벅찬 울림을 선사한다.

그런데 과잉의 태생적 강렬함은 때로 서사적 진실을 압도하고 공허한 자극만을 남기기도 한다. 과잉이 남용될 경우 서사적 진실은 무너지고 단지 피상적 충격과 일시적 자극만이 남게 될 수도 있다. 그렇다면 드라마에서의 과잉은 어디서 드러나는가? 드라마에서 과잉은 크게 감정 표현, 서사 전개, 시청각적 연출에서 발견된다. 감정 표현의 과잉은 인물의 슬픔, 고통, 사랑, 분노를 극대화하여 시청자의 감정적 몰입을 이끌어낸다. 서사 전개의 과잉은 출생의 비밀, 복수, 음모 등과 같은 극단적인 사건들을 연속적으로 배치하여 시청자의 흥미를 자극한다. 억지 설정과 개연성의 파괴 등도 서사 전개에서 과잉의 한 양상으로 손꼽힌다. 시청각적 연출의 과잉은 일반적으로 다이제틱 사운드(diegetic sound)와 논다이제틱 사운드(non-diegetic sound), 클로즈업(close-up), 슬로우 모션(slow motion), 색채와 조명의 극적인 활용을 통해 인물의 감정과 사건을 강렬하게 표현함으로써 시청자에게 감정적 여운을 전달한다.

K-드라마의 경우도 과잉의 전략을 적극적으로 활용한다. 혹자는 과잉이 K-드라마의 핵심 스타일을 함축하는 단어라고 주장하기도 한다. 매우 거친 표현이지만 한편으로는 그러한 주장이 일견 설득력이 있어 보이는 것도 사실이다. 그런데 K-드라마의 과잉은 분명 유다른 데가 있다. 과잉을 활용하는 방식에 있

어서 무엇보다 정서적 체험에 초점을 맞춘다는 점이 그렇다. 즉, 작품마다 그 양상은 다양하지만 K-드라마의 과잉은 궁극적으로 시청자가 캐릭터의 감정에 깊이 빠져들도록 유도하는 데 목적을 둔다. 이때 정서적 체험은 사랑, 슬픔, 희망, 분노와 같은 인간의 보편적인 감정에 기반한다. 이는 상대적으로 플롯과 시청각적 체험이 중심이 되는 서구의 드라마와 K-드라마가 차별화되는 지점이다.

박지은 작가의 드라마들은 K-드라마의 경향을 가장 영리하게 구현한다. 현실에서는 보기 힘든 특별한 캐릭터들을 비일상적인 설정에 놓아 흥미를 유발하며, 남녀 주인공에게 독특한 배경과 능력을 부여해 환상성을 만들어낸다. 외계인, 톱스타, 재벌, 인어, 사기꾼, 북한군 장교 등 비범한 인물들은 비현실적인 설정 속에서 갈등과 사랑의 이야기를 펼치며 시청자들에게 판타지를 제공한다. 이들은 모두 특별한 능력과 외모를 갖춘 존재들이지만, 순박하고 허당스러운 면모를 통해 시청자와 정서적 거리를 좁힌다. 그들의 밉지 않은 작은 단점들은 친근함과 동경을 동시에 이끌어낸다.

이들의 엉뚱함은 박지은 작가 특유의 서사 전개 과정 방식에 초석 역할을 한다. 캐릭터 간의 갈등과 유대감을 자연스럽게 쌓아가는 토대로 활용되며, 사건들이 얽히는 과정에서 유머를 통해 시청자에게 친밀감을 느끼게 한다. 이를 통해 시청자들은 비현실적인 설정 속에서도 그들의 인간적인 매력을 경험하게 된다. 이러한 도입부의 유머는 이후 갈등이 본격적으로 전개될 때 감정적 전환을 더욱 극적으로 만들어준다. 회차를 거듭할수록 긴박하게 나아가는 갈등 상황은 초반의 분위기와 대비되며 시청자의 깊은 몰입을 유도한다. 대표적으로 〈별에서 온 그대〉에서 보여준 외계인과 톱스타의 사랑 이야기, 〈사랑의 불시착〉에서 남한의 재벌 상속녀와 북한군 장교의 사랑 이야기가 그랬다. 그녀의 작품들은 연인의 사랑이 사회문화적 장벽에 부딪혀 좌절되는 멜로드라마의 관습을 수렴하면서 미묘하게 엇나가는 로맨틱 코미디 장르의 전형을 보여준다. 절망과 고통을 넘어 희망과 행복을 되찾는 여정이다. 어찌 보면 모호하게 느껴질 수 있는 멜로드라마와 로맨틱 코미디 간의 미묘한 역점을 절묘하게 조절하는 것이 박지은 작가의 역량이라고 할 것이다.

작가의 작품에서 두드러지는 환상성은 '운명적 사랑'이라는 모티프를 활용할 때 더욱 돋보인다. 〈별에서 온 그대〉와 〈푸른 바다의 전설〉에서는 남녀 주인공이 전생부터 시공간을 초월한 인연을 가진 사이로 묘사된다. 〈사랑의 불시착〉에서 윤세리와 리정혁의 인연은 과거부터 우연을 거듭해 만난 운명적 사랑임이 강조된다. 흥미로운 부분은 박지은 작가의 작품에서 '운명적 사랑'을 하는 연인을 막아서는 가장 큰 장애물은 사실상 강력한 안타고니스트(antagonist)보다도 절대적인 시공간의 제약이라는 점이다.

예컨대 〈별에서 온 그대〉에서 도민준은 400년 만에 돌아온 기회를 쫓아 본래의 별로 돌아가야 하고, 〈사랑의 불시착〉에서 윤세리와 리정혁은 각각 남한과 북한으로 귀환해야 한다. 개인의 힘으로 거스를 수 없는 절대적인 장애물은 남녀 주인공의 관계에 절박함을 극대화하며 시청자를 몰입하게 한다. 이때 발생하는 감정의 과잉은 시청자들에게 강한 정서적 호소력을 발휘한다. 안타까운 연인의 운명에 가득 고인 절절한 감정은 인간의 보편적 정서인 희로애락을 토대로 한다. 박지은 작가는 이를 경유해서 비현실적인 설정 속에서도 공감을 불러일으키는 '과잉의 미학'을 선보이는 것이다.

〈눈물의 여왕〉은 박지은 작가가 기존 작품에서 보여준 '과잉의 미학'을 집약하면서도 미묘하게 다른 방향성을 제시한다. 이전의 작품들이 우연과 운명이 중첩된 환상적인 순간에서 출발해 낭만적 사랑이 영속화되는 과정을 그렸다면, 이 작품은 오히려 사랑이 떠나간 환멸의 순간에서 시작하여 다시금 낭만적 사랑의 지속 가능성을 탐색한다. 특히 눈길을 끄는 점은 부부의 사랑을 다룸으로써 두 남녀의 낭만적 사랑이 드라마의 메인 플롯으로 자리하는 동시에, 그들과 밀접하게 얽힌 가족 간의 서사도 전면적으로 부각된다는 것이다. 이를 통해 〈눈물의 여왕〉은 낭만적인 사랑뿐만 아니라 가족과 결혼이라는 복합적 관계 속에서 성장하고 변화하는 여러 인물을 그려내며 박지은 작가의 다른 작품들과 차별화되는 양상을 보인다.

〈눈물의 여왕〉과 '과잉의 미학'

〈눈물의 여왕〉은 백현우와 홍해인 부부의 이야기를 중심으로 전개된다. 먼저, 백현우는 시골 출신으로 자수성가한 엘리트 변호사이다. 그는 신입사원 시절에 인턴으로 입사한 홍해인과 연애 결혼하면서 재벌가의 사위가 되고 사회적으로 높은 지위를 얻게 된다. 그러나 그 지위는 외부에서 볼 때는 성공처럼 보이지만, 실제로는 개인의 삶에 큰 희생을 요구하는 허울뿐인 위치다. 백현우는 이미 사랑이 식은 홍해인과 불편한 관계를 유지하면서 처가인 홍씨 일가를 위해 온갖 뒤치다꺼리를 맡고 있다. 그는 우리가 생각하는 가족 관계가 아니라, 갑을관계로 처가에 얽매인 처지에서 자신의 존재 의미를 찾기 위해 분투한다.

그처럼 〈눈물의 여왕〉은 기존의 '시집살이하는 여성의 수난'을 남성 주인공에게 적용함으로써 결혼의 권력 구조와 가부장제를 풍자한다. 백현우는 박지은 작가의 다른 남자 주인공들처럼 능력과 외모가 모두 출중한 비범한 캐릭터지만, 재벌가에 장가를 들면서 억압과 소외를 경험한다. 그의 의견은 합리성과 상관없이 가족회의에서 묵살되기 일쑤이며 가족에게 문제가 생겼을 때 해결 책임은 언제나 백현우에게 돌아간다. 특히 홍씨 일가의 제사 장면에서 사회적으로 엘리트 역할을 하는 사위들이 모든 잡무를 맡고, 정작 홍씨 일가의 본가 사람들은 빠져 있는 모습은 한국의 제사 문화에 관한 근본적인 부조리함을 들춰낸다.

고소를 자아내는 이 장면은 한국사회에서 가정 내 권력 구조와 성 역할에 대한 전복적인 시각을 보여주며 시청자들에게 깊은 인상을 남긴다. 백현우의 경험을 통해 드라마는 결혼이 단순히 사랑의 결실이 아니라, 사회적 이해관계의 연장선상에 놓여 있음을 보여준다.

앞서 언급했듯이, 박지은 작가는 특유의 코미디와 인간미가 담긴 서사를 통해 K-드라마의 대중성을 이끌어온 작가이다. 〈눈물의 여왕〉에서는 이러한 박지은 작가의 스타일이 한층 발전된 형태로 나타난다. 가족과 사회 속에서 개인이 겪는 갈등을 중심으로 서사를 전개하면서도 유머를 잃지 않고, 캐릭터의 감정적인 순간들을 강조한다. 예를 들어, 자신의 처지를 비관하며 매일 몰래 숨어 눈물을 흘리는 백현우의 모습은 처량하고 동정심을 자아내면서도 그 '오버스러움' 덕분에 익살스럽게 느껴진다. 이 기묘한 지점은 '과잉의 미학'을 통해 구현되며 연민과 유머가 교차하는 독특한 정서를 만들어낸다. 같은 맥락에서 부인의 죽음을 바라는 남편이라는 지독한 설정조차 시청자에게 불편함보다 유머와 연민이 앞서게 되는 것은, 바로 '과잉의 미학'이 가진 기이한 마력 덕분이라고 할 수 있다.

처가살이에 지칠 대로 지쳐 이혼을 결심한 백현우는 홍해인이 시한부 판정을 받으면서 변화하기 시작한다. 사실 불치병이라는 소재는 이미 수많은 작품에서 반복된 클리셰이며 드라마에서 과잉을 이끄는 대명사로 여겨지기도 한다. 이처럼 클리셰는 진부함을 상징하지만, 활용하기에 따라 오히려 익숙함을 통해 감정적 공감을 빠르게 이끌어내는 서사적 장치가 되기도 한다. 실제로 시한부 설정은 서사 세계 속 캐릭터와 현실 세계의 시청자 모두에게 즉각적인 정서적 변화를 요청한다. 캐릭터에게는 삶의 의미를 재고하게 하고 시청자에게는 절박한 감정을 전달하는 것이다. 〈눈물의 여왕〉은 여기서 한 걸음 더 나아가, 시한부 설정을 독특하게 변주하여 다른 로맨스 드라마와 차별화된 모습을 보여준다. 시한부를 선고받은 인물이 현시점에서 주인공이 사랑하는 이가 아닌, 미워하는 이라는 점이 흥미롭다. 그래서 홍해인의 시한부 판정 소식을 처음 들었을 때 백현우의 감정은 슬픔이 아닌 철없는 기쁨으로 가득 차며, 시청자에게 어이없는 웃음을 유발하는 아이러니한 상황을 만든다. 그러나 이 장면은 백현우가 홍해인에 대한 사랑을 회복할 때, 스스로의 어리석음을 자책하는 비극적인 순간으로 전환된다. 이처럼 자칫 식상하게 보일 수 있는 소재를 신선하게 활용하는 것은 작가의 역량에 달려 있다.

〈눈물의 여왕〉의 연출 방식 역시 '과잉의 미학'을 가감 없이 보여준다. 〈눈물의 여왕〉의 시청각적 연출은 캐릭터들이 느끼는 감정의 깊이를 강조하며 환상과 현실의 경계를 넘나든다. 특히 홍해인 겪는 뇌종양의 증상과 심리적인 갈등을 강조하기 위해 현실의 경계를 초월한 몽환적인 연출을 사용한다. 백현우와 홍해인의 갈등과 화해의 순간에는 감정을 섬세하게 전달하기 위해 긴 호흡의 클로즈업과 미세한 표정의 변화를 담아내는 연출이 돋보인다. 두 사람의 화해나 사랑의 순간에는 따뜻한 색감을 사용하여 감정의 변화를 부각시킨다. 감정이 폭발하는 눈물 장면에서는 감정선에 따라 시청자들이 몰입할 수 있도록 배경음악이 감정을 극적으로 고조시킨다. 이처럼 캐릭터에 집중하여 긴장감을 유지하는 연출 방식은 드라마의 감정선을 따라가며, 시청자들이 각 장면에 정서적으로 몰입하도록 돕는다. 다소 과잉으로 느껴질 수 있는 〈눈물의 여왕〉 연출은 감정의 깊이를 전달하는 데 중점을 두고 있다.

가족, 로맨스 결국 사랑

앞서 지적했듯이, 박지은 작가의 다른 작품과 비교해 〈눈물의 여왕〉에서 두드러지는 특징은 단순히 낭만적 사랑을 추구하는 것을 넘어, 결혼과 가족의 진정한 의미를 되찾아가는 과정에 중점을 둔다는 점이다. 환멸에서 출발한 백현우와 홍해인의 부부 관계는 서로의 소중함을 깨달아 가며 각자의 상처를 치유하고 성장해 가는 여정을 보여준다. 주목할 만한 부분은 이들이 화합하는 과정에서 결혼이라는 제도의 복잡성이 드러나는 방식이다. 박지은 작가의 이전 작품들이 넓은 의미에서 결혼에 이르기까지의 낭만적 사랑에 관한 여정을 그렸다면, 〈눈물의 여왕〉은 결혼 이후의 이야기를 통해 더 다층적인 관점에서 사랑의 의미를 탐색한다. 영원할 것만 같았던 낭만적인 사랑은 잠시 빛이 바래기도 하며, 어떤 계기로 다시 그 색을 물들여가기도 한다. 사랑의 결실은 단지 두 사람의 관계에 국한되지 않으며 완벽한 타인이었던 이들을 가족이라는 울타리 안에 묶어낸다.

이때 가족이라는 울타리는 결코 혈연관계로만 규정되지 않는다. 그것은 타인과 타인, 가문과 가문이 만나 하나됨을 의미한다. 예컨대 홍해인의 동생 홍수철은 피 한 방울 섞이지 않은 홍건우를 아들로서 누구보다 사랑한다. 반면, 윤은성은 성공을 위해 자신을 버렸던 어머니 모슬희와 적대적인 관계를 맺는다. 〈눈물의 여왕〉은 가족 관계를 형성하는 데 중요한 것은 제도적 계약과 혈연관계가 아닌, 서로를 이해하고 존중하며 함께하는 유대감이라고 말하는 듯하다.

그러한 면에서 〈눈물의 여왕〉에서 사랑과 가족의 의미를 가장 심도 있게 재구성하는 인물은 홍해인이다. 홍해인은 초반부에 백현우를 비롯한 모든 가족에게 마음을 닫은 상태로 등장한다. 그녀는 겉으로 보기에는 자신만만하고 유능한 재벌가의 장녀로서 원하는 목표는 모두 이루어내는 완벽한 인물처럼 보인다. 그러나 내면 깊숙한 곳을 톺아보면, 홍해인은 가족의 사랑과 이해를 갈망하며 자신의 자리를 찾기 위해 애쓰는 인물에 가깝다. 그녀는 사고로 오빠를 잃고 어머니와의 관계가 소원해졌으며, 유산으로 아이를 잃은 트라우마와 그로 인해 사랑하는 백현우와의 관계마저 멀어진 아픔을 품고 있다. 그처럼 가족과의 관계가 틀어지는 과정에서 홍해인 역시 사랑하는 대상을 잃었지만 제대로 위로받지 못하고 홀로 그 슬픔을 감내해야 했다. 그렇게 보면 그녀가 평소에 보이는 냉정하고 오만해 보이는 태도는 이러한 상처로부터 자신을 보호하기 위한 방어기제로 생각될 수 있다. 워커홀릭으로서 주변을 돌아보지 않고 일에만 매진하는 모습도 이러한 마음의 상처와 무관하지 않을 것으로 추측된다. 아이러니하게도 시한부 선고는 그녀가 내면의 상처를 성찰하고, 그동안 소홀했던 가족들과 더 깊은 사랑과 이해를 나누는 계기가 된다.

박지은 작가의 이전 작품들이 주로 코미디적 요소를 통해 남녀 주인공 간의 경쾌한 호흡을 강조했다면, 〈눈물의 여왕〉에서는 코미디적 요소가 가족 내 갈등과 화해의 과정 속에서 더욱 성숙하게 활용된다. 하루아침에 길거리로 쫓겨난 홍씨 일가가 그동안 괄시하던 백현우의 본가인 용두리로 들어가며 겪는 좌충우돌의 순간들은 결국 인간에게 가장 필요한 가치가 무엇인지 되묻는다. 가문 내에서 권력을 차지하기 위해 경쟁하던 홍수철과 홍해인은 몰락을 계기로 진정한 의미에서 서로를 가족으로서 마주하게 되고, 마음을 나누며 소통하기 시작한다. 경제적 차이로 인해 의식적으로 먼 거리를 유지하던 홍씨 일가와 백씨 일가도 처음으로 마음을 터놓고 교류하며 점차 진정한 가족으로 거듭난다. 그 과정에서 유머는 심각한 상황을 명랑하게 전달하며, 가족이라는 주제의 보편적 힘을 다시금 일깨운다. 서사 세계 속 캐릭터들의 상황은 비현실적일지라도, 그들이 잃고 다시 회복해 나가는 유대와 사랑은 시청자들에게 깊은 공감과 울림을 준다. 우리에게도 가족은 가장 익숙한 존재이지만, 그 익숙함 때문에 소원해지기 쉬운 관계이기 때문이다. 가족 구성원 간의 갈등과 화해, 그리고 그 과정에서 발견되는 서로를 향한 조건을 넘어선 열린 유대의 가치는 이 드라마의 중요한 메시지라고 할 수 있다.

〈눈물의 여왕〉은 확실히 박지은 작가의 기존 작품들과는 유다른 면이 있다. 낭만적 사랑뿐만 아니라, 가족 서사를 강조하며 '과잉의 미학'을 집약적으로 구현해 낸다. 주제와 소재 면에서도 K-드라마가 오랫동안 사랑해 온 보편적 정서를 수렴한다. 이때 드라마 속 '과잉의 미학'은 사실성보다 정서적 진실성을 극대화하는 데 초점을 맞춘다. 〈눈물의 여왕〉이 국가와 문화적 장벽을 넘어 많은 사람에게 사랑받은 이유는, 그러한 미학을 경유해 인간의 보편적 감정을 깊이 있게 전달했기 때문이 아닐까.

PART 2

〈눈물의 여왕〉 속 친밀감과 로맨스

파수트 라수카*

퀸즈 백화점 직원 1: 이건 막 왕권을 뺏네 뺏기네 하는 상황 같달까? 서로 죽고 죽이고, 피비린내 진동하고.

직원 2: 아니지, 이건 멜로지. '배트맨', '다크 나이트' 그런 거.

직원 3: 배트맨이 멜로라고요?

- 〈눈물의 여왕〉, 16화 중에서

이 대화는 가장 인기 있는 한국 드라마 중 하나로 2024년 3월부터 4월까지 방영된 〈눈물의 여왕〉 마지막 화에서 발췌한 것이다. 드라마는 고급 백화점 '퀸즈'의 사장 홍해인과 퀸즈 백화점 법무팀장인 백현우 사이의 관계가 발전하는 과정을 중심으로 전개된다. 사실 두 사람은 이미 결혼한 부부 사이지만 가족

* Pasoot Lasuka, 태국 치앙마이대학교 인문학 및 지속가능성 학부 교수.

문제, 특히 홍해인의 가족과 관련된 문제로 인해 이혼 절차를 밟고 있다. 이혼을 진행하면서 해인과 현우는 수많은 어려움을 겪는다. 해인의 옛 친구였던 윤은성의 직권 남용도 그중 하나이다. 은성은 퀸즈 그룹을 인수하는 동시에 해인의 마음을 얻길 원하는 인물이다. 대화는 드라마 막바지에 모든 문제가 해결되고 해인을 비롯한 가족들, 즉 퀸즈 가문이 다시 경영권을 잡게 되고 나오는 내용이다. 그러나 이를 인용한 것은 이 유명한 드라마의 줄거리를 요약하기 위해서만은 아니다. 사실 해당 대화 내용은 〈눈물의 여왕〉이 다양한 서사상의 접근 방식을 어떻게 활용하여 인물 간 친밀감을 구축하면서 새롭고 매력적인 로맨스를 만들어냈는지 보여주는 축소판 혹은 비유적 반영이다.

〈눈물의 여왕〉이 한국뿐만 아니라 해외에서도 인기가 많았다는 데 대해 많은 비평가는 "가부장제의 몰락"[1], "현실 재벌의 모습"[2] 등과 같은 드라마 속 사회적 맥락과 이의 반영을 언급한다. 재벌과 반자본주의 테마를 둘러싼 이야기는 한국 엔터테인먼트 문화에서 오랫동안 활용되어온 주제다. 이런 점에서 〈눈물의 여왕〉은 이런 서사적 관습의 최근 진화 형태라고 볼 수 있다.[3] 그러나 이 드라마는 친밀감과 애정에 대한 획기적인 접근 방식을

1 " 'Queen of Tears' challenges patriarchy, strikes chord globally," *The Korea Times*, 2024. 03. 20. Nguon, "Queen of tears: Men wearing aprons and the shock of Korean patriarchal habits," *VIETNAM.VN*, 2024. 03. 22.

2 Aurora, "Inspiration Behind 'Queen of Tears', " *JAYNE STARS*, 2024. 04. 06.

3 최영민, 〈재벌 정서: 임상수 감독의 '하녀'와 '돈의 맛'에 드러난 감정 자본과 부의 내면성〉, 《시네마 저널》, 57(4), 25-46, 2018.

활용했고, 이 방식이 해인과 가족들의 퀸즈 그룹이 흥망성쇄하는 배경 상황과도 잘 어우러졌다는 점에서 다른 드라마들과 차별점을 갖는다. 여기에서는 주인공들이 관계상의 여러 국면을 맞이하면서 둘 사이에 생겨나는 친밀감을 〈눈물의 여왕〉이 어떤 다양한 방식으로 표현했는지에 대해 다룬다. 필자는 이 드라마가 K-콘텐츠 속 로맨스를 재정의할 수 있었던 힘은 이런 친밀감의 창의적 구현에서 나온다고 생각한다.

친밀감, 결혼, 그리고 현대사회

두 주인공 사이의 다양한 관계 속 친밀감을 어떻게 구성하는지 자세히 들여다보기 전, 미디어 속 친밀감 묘사의 변화에 대해 살펴보려 한다. 넓은 관점에서 친밀감은 사람 간의 관계가 깊어지면서 생기는 깊은 감정적 경험을 의미한다. 사회학자 데이비드 셤웨이는 친밀감이 우리의 세계관, 그리고 다른 사람을 향한 사랑 혹은 로맨스의 실천을 규정하는 '담화'로서 기능한다는 흥미로운 관점을 제시했다. 그는 본인의 저서 『현대적 사랑: 로맨스, 친밀감 그리고 결혼의 위기』(2003)에서 전통적인 관습에서는 가장 먼저 친밀감이 생기고, 이것이 더욱 진지한 차원에서 낭만적 헌신의 전조로 발전한다고 설명했다. 역사적으로, 이 감정의 궤도는 친밀하고 로맨틱한 유대가 제도로 굳어진 '결혼'을 통해 완

성되어 왔다.[4]

그러나 섬웨이가 책에서 더 언급하듯이, 개인주의가 만연한 현대사회에서 사랑의 궁극적 목표가 늘 결혼인 것은 아니다. 이혼율의 상승이 이를 뒷받침한다. 하지만 친밀감이 더 이상 중요하지 않다는 뜻은 아니다. 친밀감과 연인 간의 유대는 여전히 존재하지만, 더 이상 결혼으로 이어지는 일직선의 궤도를 따르지는 않는다는 것이다. 꼭 서로에게 헌신하는 진지한 관계로 이어지지 않더라도 다른 사람과 친밀하게 지낼 수 있다. 반대로, 결혼한 상태로 배우자가 아닌 다른 사람과 친밀하게 지내며 로맨틱한 관계를 이어나가기도 한다. 이런 경우를 현대사회에서는 '불륜'이라고 지칭한다.

현대의 엔터테인먼트 플랫폼 속 친밀감과 로맨스

현대사회 미디어 환경에서 대중들을 대상으로 하는 서사에는 두 가지 유형이 있다. 첫 번째는 영화나 드라마 속에서 전조로서 기능하는 친밀감의 이미지를 재현하는 유형이다. 이런 경우는 연인 간의 애정이나 로맨틱한 감정을 불러일으키기에 이상적이다. 이런 이야기의 결말은 결혼이다. 적절한 예시로 영화계의 고

4 David R. Shumway, *Modern Love: Romance, Intimacy, and the Marriage Crisis*, NYU Press, 2003.

전인 〈노팅힐〉이 있다. 이 영화는 미국의 유명 여배우 '애나'가 영국에서 서점을 운영하는 '윌리엄'과 친밀감을 키워나가는 과정을 보여준다. 〈노팅힐〉의 제작자는 두 인물의 사회적, 문화적 배경에 차이를 두어 서사 전개 과정에서 긴장감을 고조시키고 관객들이 해피엔딩을 응원하도록 만들었다. 〈노팅힐〉은 애나가 "영원히" 영국에 머물겠다고 언론에 선언하는 클라이맥스 장면에서 끝난다. 이어 두 사람이 함께 가정을 꾸려나가는 모습의 따뜻한 이미지들을 보여주며 영화는 막을 내린다.

아시아의 미디어, 특히나 한국 드라마에서는 이 유형의 서사 전개가 계속해서 우위를 점하고 있다. 예를 들어, 2021년 방영된 로맨틱 코미디 드라마 〈갯마을 차차차〉는 두 주인공 사이의 친밀감과 사랑을 담은 이야기로, 두 인물이 살아온 배경의 차이를 강조한다. 서울에서 해안가 마을 공진으로 이사 온 치과 의사 '윤혜진'은 같은 마을에 사는 '홍두식'을 만나게 된다. 〈갯마을 차차차〉는 TV 드라마라는 특성으로 두 사람이 다양한 어려움을 함께 극복하며 친밀감을 서서히 키워가는 과정을 담고 있다. 보통의 로맨스 서사가 그렇듯, 혜진은 두식의 개인적인 어려움을 극복할 수 있게 도와주고, 서울에서의 일자리 제의에도 공진에 남아 있기로 하는 모습을 담아내며 두 사람의 결혼으로 마무리된다. 〈갯마을 차차차〉 속 결혼식의 독특한 점은 소박하게 묘사된다는 것인데, 이는 대도시에 살던 여주인공이 더 소박한 삶을 위해 시골로 내려왔다는 이야기의 주제와도 통하는 지점이 있다. 〈갯마을 차차차〉 외에 〈스타트업〉이나 〈김비서가 왜 그럴까〉 등 여러 드라마에서도 친밀감을 다루고 결혼으로 결말 지어지는 유사한 서사 구조를 통해 서로 다른 배경의 두 주인공 간의 사랑 이야기를 보여준다.

〈눈물의 여왕〉에서는 친밀감, 애정, 연인 관계, 결혼을 묘사하는 방식에서 기존의 로맨스 드라마와 큰 차이점을 보인다. 결혼은 더 이상 두 주인공 사이의 친밀하고 로맨틱한 감정의 최종 결실이 아니다. 친밀감도 단지 제도화된 유대의 전조가 아니라 전통적인 결혼 체계로부터 독립적으로 존재하면서 둘 사이의 로맨스를 끌어가는 복합적인 감정으로 표현된다.

〈눈물의 여왕〉 속 친밀감

처음부터 〈눈물의 여왕〉은 위기를 맞이한 결혼 생활을 기반으로 역설적인 로맨스 서사를 풀어나간다. 두 주인공 백현우와 홍해인은 3년 간의 결혼 생활 중 유산으로 아이를 잃는다. 이 사건은 둘 사이의 정서적 연결이 끊어지고 두 사람이 멀어지는 결정적인 계기가 된다. 야망 가득한 사업가 집안으로 묘사되는 해인 가족들의 압박으로 둘 사이의 거리는 더 벌어지고, 결국 현우는 이혼을 결심하게 된다. 하지만 현우가 이혼 합의서의 초안을 작성한 시점에서 해인의 뇌에 종양이 있으며 살날이 3개월밖에 남지 않았다는 사실을 알게 된다. 그 순간부터 현우는 태도를 바꾼다. 해인에게 더 신경 써주고 애정을 보이기로 한 것이다. 하지만 이는 해인에게 다시 완전한 애정을 느껴서가 아니다. 해인이 세상을 떠날 때 자신에게 조금이라도 유산을 남겨주기를 바라고 한 행동이다. "사랑해, 홍해인."[5] 현우가 이렇게 말할 때, 카메라에는 현우의 어색한 표정과 몸짓이 담긴다. 현우가 해인에게 꾸며낸 애정이 담긴 행동을 할 때 속마음이 함께 제시되며 웃음을 유발하기도 한다. 드라마에서는 이런 장면들을 과거 유산으로 인해 사라졌던 둘 사이의 친밀감을 드러내는 장치로써 활용한다.

2화부터는 해인에게 애정과 친밀감을 표하기 위해 부단히도 노력하는 현우의 모습을 분명하게 볼 수 있다. 한 장면에서는 현우가 결혼기념일을 축하하기 위해 꽃다발을 들고 해인의 사무실을 방문한다. 해인은 처음에는 놀라고 당황하는 기색이었지만, 나중에는 사무실에 화병을 두고 꽃다발을 보관하려는 모습을 보인다. 또 다른 장면에서는 해인이 병을 이겨내고 살아남을까 두려워했던 현우가 몰래 뇌종양을 진단받은 사람들의 기적적인 사례를 찾아보고는 이 사실을 숨기려고 하면서, 오히려 부부 사이의 친밀감이 되살아나는 모습을 묘사하기도 한다. 해인은 현우가 자신을 도와주고 싶어 한다고 오해하고, 그를 더 신뢰하게 된다. 남편이 자신의 회복을 애타게 소망한다는 걸 알게 된

5 〈눈물의 여왕〉 1화.

이후, 해인은 병을 치료할 수 있는 방법을 찾는 데 전념한다. 이 소식을 들은 현우는 아내가 건강을 되찾고 살아남을까 봐 전전긍긍하며 우스꽝스럽게 주저앉는다.

두 인물 사이의 친밀감이 가장 재미있게 표현되는 부분은 가족들과 함께 사냥을 가는 3화의 일부분이다. 해인은 길을 잃고 거대한 야생 멧돼지를 맞닥뜨린다. 이때 현우가 나타나 해인을 구한다. 이 로맨틱하고 기사도적인 장면에서 남편에 대한 애정을 되찾는 해인의 모습을 볼 수 있다. 그날 밤 해인과 현우는 한 침대에서 잔다. 해인은 '몸 좀 봐. 다 근육이잖아. 언제부터 저렇게 운동을 했지?'[6]라며 현우에게 이전보다 더 큰 애정을 느끼면서 친밀한 감정이 생겨난다. 반면 현우는 이 친밀한 순간을 완전히 공유하지는 않는 듯하다. 오히려 해인과 함께 침대에 누워 있는 것을 어색해한다. 해인의 일방적인 친밀감과 애정을 보여주는 일련의 장면들은 〈눈물의 여왕〉 초반부 로맨스 속 아이러니함을 효과적으로 함축한다.

요약하자면, 〈눈물의 여왕〉은 결혼을 끝이 아닌 시작으로 묘사되는 독특한 서사적 접근 방식을 활용했다는 점에서 다른 로맨스 드라마들과 구별된다. 특히나 현우가 결혼 생활에서 얻어내야 할 것이 생기면서, 친밀감과 로맨틱한 감정에서 비롯되는 유대가 다시 쌓여가는 과정이 이런 특이한 서사적 구성이 필요하게끔 만든다. 이런 복잡함에도, 로맨스는 여전히 존재하며 시

6 〈눈물의 여왕〉 3화.

청자들에게 웃음과 감동을 준다. 3화에서 해인에게 실수로 전송된 이혼 계획에 대한 문자를 삭제하기 위해 그녀의 휴대전화를 되찾아오려던 현우와 술기운이 오른 해인이 나무 아래에서 키스하는 마지막 장면은 이 독창적인 서사 구조를 완벽히 함축한다.

결혼 이후의 친밀감

친밀감에 대한 또 다른 흥미로운 서술적 접근은 현우와 해인이 이혼을 진행하면서 드러난다. 드라마의 중반부까지 해인은 현우의 비밀과 진짜 의도를 알지 못한다. 제작진은 해인이 뇌종양 치료를 받기 위해 떠난 독일을, 이 결정적 순간의 공간적 배경으로 택했다. 공식적으로는 이혼의 절차를 거치고 있지만, 두 사람이 서로에 대해 느끼는 친밀한 감정은 결혼 생활 때보다 더욱 커지는 듯 보인다. 이런 맥락 속에서 생겨나는 친밀감은 진실되게 느껴진다.

이런 변화는 8화에서 현우와 해인이 각각 변호사를 대동해 이혼을 어떻게 발표할지 논의한 이후 시작된다. 미팅 이후, 해인은 현우가 이혼하고 싶어 했던 이유가 무엇일지 생각을 멈출 수가 없고, 그래서 진실을 알아내기 위해 현우를 미행한다. 예상과는 다르게, 현우를 따라다닐수록 해인은 현우의 마음속 깊숙한 곳의 감정들과 자신의 곁에 남고 싶어 하는 소망에 대해 더 알게 된다. 한 장면에서, 해인은 식당에서 현우가 하는 말을 엿듣는다. 현우는 친구에게 사실은 장모님께 시달리던 그런 삶도 상관없었다고 말한다. 이어서 "나 그냥 그렇게 해인이 옆에 살고 싶었다고"[7] 이야기한다. 해인은 이 말을 듣고 놀라는데, 이를 전달하는 연출 방식 역시 예술적이다. 이 장면에서 식당 벽을 사이에 둔 채 서로 등을 맞대고 앉아 있는 두 사람의 모습이 시각적으로 프레임에 담긴다. 따라서 전체적으로는 가슴 아픈 장면이지만 역설적이게도 서로의 마음은 더욱 가까워진다.

결혼 생활은 끝을 향해 가지만 두 사람이 다시 정서적으로, 물리적으로 가까워지는 데에는 그렇게 오랜 시간이 걸리지 않는다. 윤은성과 그의 모친에게 배신당한 해인과 가족들, 가족 사업이 위기에 처하며 드라마 속 상황은 완전히 뒤바뀐다. 9화부터는 시골에 있는 현우네 부모님 댁에서 숨어지내야만 하는 홍가네 식구들의 모습에서 시청자들은 '부자에서 가난뱅이로'라는 반전된 구조를 목격한다. 이는 현우와 해인에게는 서로에 대한 진짜 감정을 알고 다시 마음을 키워나가는 완벽한 계기가 된다. 두 사람은 윤은성에게서 홍씨 가문의 사업을 되찾아오기 위한 방법을 찾으려고 함께 고군분투한다. 10화 속 한 장면에서는 시골집에서 서울에 있는 사무실로 출근하려는 현우에게 연고를 든 해인이 수줍게 다가간다. 현우가 전날 밤 괴한과 맞서 싸우다

7 〈눈물의 여왕〉 8화.

가 얼굴에 생긴 상처를 살펴보기 위해서다. 귀여우면서도 친밀감이 드러나는 이 장면은 연애 초기의 커플들이 몸에 생긴 상처를 보살펴주며 서로에 대한 감정을 키워가는 다른 로맨스 서사들을 연상시킨다. 해인이 연고를 다 발라주고 나서, 현우는 마음을 바꾸어 조금 더 머물기로 결심하고는 이렇게 말한다. "한 5분만 있다가 가면 차가 덜 막힐 것 같은데." 시청자들은 현우가 해인과 함께 조금 더 시간을 보내고 싶어 한다는 걸 쉽게 알 수 있다. 해인은 망설임 없이 "뭐, 막힐 때 가서 좋을 건 없으니까"라고 답한다. 다음 장면에서 두 사람은 나란히 앉아 사무실에서, 그리고 집에서 느꼈던 진짜 감정들을 털어놓는다. 여기서 알아두어야 할 것은 이 로맨틱하고 친밀한 장면이 두 사람이 공식적으로 이혼한 이후에 나온다는 점이다. 아이러니하게도 이런 상황 속에서 친밀감은 두 사람이 가까워지고 다시 한번 서로에 대해 알아갈 수 있게끔 한다.

새로운 정체성 아래의 친밀감

〈눈물의 여왕〉에서 친밀감을 묘사하는 가장 흥미로운 방식은 드라마의 후반부, 특히 해인과 현우의 관계가 한계점에 다다르는 지점에서 드러난다. 서사가 극적으로 전환되면서 해인은 종양을 치료하기 위해 수술을 받게 되고, 이 때문에 현우와의 추억을 포함해 핵심 기억을 모두 잃게 된다. 은성에게 조종당하는 해인이 현우가 자신의 안위를 위협한다고 믿게 되면서 둘 사이의 갈등과 긴장감은 한층 더 심해진다. 현우에 대한 해인의 인식이 급격히 변화함에 따라 기초적인 기억이 사라졌을 때 친밀감이 얼마나 취약한지에 대한 흥미로운 서사가 조성된다.

앞선 장면들에서는 두 인물이 다양한 상황 속에서 서로 교류하면서 친밀감이 생겨났다면, 이후 장면에서는 이와 달리 기억을 잃은 해인이 스스로를 알아가고 회상하는 과정에서 역설적으로 현우에 대한 친밀한 감정이 되살아난다. 해인이 한국에 돌아와서, 독일에서 수술을 받기 전에 썼던 수첩이 도착한다. 수첩을 읽으며 해인은 현우와의 관계를 더 분명히 알게 된다. 드라마는 회상 기법을 통해 병원 침대에서 수첩에 글을 적던 해인의 모습과 수술 전 해인과 현우가 보냈던 다정한 순간들을 보여준다. 이 장면들이 나올 때 해인이 수첩에 적어둔 글도 함께 제시된다.

만약 수술이 잘 되고 내가 살아서, 당신 다 잊어버리고 낯선 사람처럼 대하면. 차갑게 굴고 거리 두고, 당신이 아무리 노력해도 마음 안 열면. 힘들겠지만 혹시나 그런 일이 생겨도 내 옆에 있어 주라. (16화 중에서, 해인 독백)

그 순간에 현우와 해인이 같이 있지는 않지만, 드라마에서는 아주 훌륭한 방식으로 두 주인공 사이의 친밀감을 보여준다. 이 서사는 은성의 집에 갇혀 있는 해인을 현우가 구하러 오는 핵심 장면에서 클라이맥스에 도달한다. 은성이 쏜 총알로부터 해인을 지키기 위해 현우가 용감하게 뛰어드는 장면은 드라마 속에서 긴장감이 극에 달하는 부분인 동시에, 현우의 흔들림 없는 사랑과 해인을 지키고자 하는 의지를 상징한다. 이 장면은 둘 사이 정서적 유대의 깊이를 보여주기도 하지만, 여러 고난과 기억 상실 속에서도 친밀감이 갖는 회복력을 상기시키는 강력한 장치로서 기능한다.

지금까지 관습적인 사회 규범을 따르지 않는 친밀감을 불러일으키는 〈눈물의 여왕〉 속 획기적인 서사상의 접근에 대해 다뤘다. 여기에서 기존 사회의 규범이란, 친밀감이 일반적으로 로맨스와 제도적 유대, 예를 들어 결혼으로 이어지는 것을 뜻한다. 이 드라마는 개개인의 다양한 상황 속에서 친밀감이 독립적으로 존재할 수 있는 현대사회(한국과 타 국가들)의 공감을 자아낸다. 〈눈물의 여왕〉은 이런 변화를 인정하는 것에서 나아가 영리하면서도 문학적인 방식으로 확장함으로써 두 주인공을 연결하는 사회적 제도, 즉 결혼이 무너지고 있음에도 드라마가 흥미진진하고 따뜻하게 느껴질 수 있도록 한다.

새로운 유형의 로맨스?

필자는 처음 〈눈물의 여왕〉을 보기 시작했을 때, 이 드라마를 로맨틱 코미디, 멜로드라마, '재벌가의 비극' 중 어떤 범주로 분류해야 할지 고심했다. 하지만 드라마를 끝까지 다 보고 나서 〈눈물의 여왕〉을 기존의 장르 아래에 두려는 것은 터무니없는 생각임을 분명히 알 수 있었다. 논의했듯이 이 드라마의 서사는 확연히 새롭다. 이는 특히나 연인 관계의 발전, 친밀감의 역학을 묘사하는 방식에 있어서 더 명확히 드러난다. 그럼에도 〈눈물의 여왕〉은 부정할 필요 없이 두 주인공 간의 사랑을 중심으로 하므로, 이 드라마가 로맨스 장르에 속하지 않는다고 보는 것은 논리에 맞지 않다. 역으로, 이것을 로맨스 장르의 경계를 확장하려는 시도로 볼 수도 있을까?

장르의 경계를 확장하는 것에 대해서 OTT 플랫폼에 배급되는 많은 한국 작품들이 특히 2010년대 이후 한동안 이를 시도했다는 점은 자명하다. 이러한 변화는 정부가 개인 투자자들이 한국에서 엔터테인먼트 콘텐츠를 제작할 수 있게 국내외로 시장을 개방하면서 시작되었다.[8] 한국의 초국가적 엔터테인먼트 산업에 대한 최근 연구는 많은 사람이 다른 플랫폼에서 문화적 자산과 내용을 가져와 새로운 형태의 서사로 재창조하면서 장르

8 Hyejung Ju, "The Korean Wave and Korean Dramas(한류와 한국 드라마)," *Oxford Research Encyclopedias of Cummunication*, 2018.

에도 변화가 있었음을 밝혔다.[9] 〈오징어 게임〉과 〈고요의 바다〉는 경계를 확장하고 한국뿐만 아니라 전세계적으로도 성공을 거둔 작품의 예시이다.

필자가 경험했듯이, 그리고 마지막 화에서 퀸즈 그룹 직원들이 언급하듯이 〈눈물의 여왕〉을 전통적인 TV 프로그램 장르로 분류할 수 없다는 것은 관습적인 로맨스의 경계를 초월했다는 점에서 긍정적으로 평가된다. 드라마 속에서 두 주인공을 연결하는 데 친밀감과 애정이 결정적인 역할을 수행했다는 걸 고려했을 때 〈눈물의 여왕〉을 단순한 로맨스보다는 '친밀감을 다루는 드라마'로 명명하는 것은 어떨까?

맺음말

〈겨울연가〉(2002)나 〈클래식〉(2003)과 같은 주요 작품을 중심으로 2000년대 초 이후 한국 로맨스 콘텐츠의 발전을 되돌아보면 로맨스의 접근 방식에 큰 변화가 있었다는 사실을 분명히 알 수 있다. 〈눈물의 여왕〉에서는 애정과 친밀감을 결혼이나 상투적인 해피엔딩을 위한 전제 조건이 아니라 창의적이고 현실적인 방식으로 서사를 풍부하게 하는 역동적인 요소로 그려낸다. 이

9 H. Yoon, & J. Lee, "Genre in Transnational Television: A Case of Netflix Originals Korean Dramas," *Television & New Media*, 2024.

런 변화는 친밀감에 대한 광범위한 문화적 재정의를 강조한다. 친밀감의 새로운 정의 아래에서 여러 관계는 전통적 기대에 순응하기보다 복잡성을 인정하는 관점에서 탐색된다.

의심할 여지 없이 이 독창성에는 시청자들의 변화하는 인구통계의 영향이 있었다. 다양한 사회적 가치와 규범을 따르는 새로운 세대가 시청자층에 포함되었고, 제작팀은 이러한 변화를 너무도 잘 알고 있었다. 〈눈물의 여왕〉에서 두드러지는 점은 새로운 서사 구조가 가족 드라마나 사회 비판과 같이 여기에서는 핵심적으로 다뤄지지 않지만, 드라마를 풍부하게 하는 주제들을 다루는 기존의 장르 스토리텔링 방식과 효과적으로 조화를 이루며 적절한 지점을 찾아냈다는 것이다. 이 서사적 구조에 대한 과감한 실험은 시청자들의 공감을 얻어내고 한국의 엔터테인먼트 문화에서뿐만 아니라 글로벌한 차원에서 로맨스를 다루는 작품에 대한 새로운 기준을 세웠다. 과거의 관습을 과감히 파괴함으로써, 〈눈물의 여왕〉은 현대의 스토리텔링 속 사랑과 친밀감에 대한 더 섬세한 이해를 위한 길을 닦을 수 있는 잠재력을 무궁무진하게 갖추었고, 동시대의 현실을 담아낸 혁신적인 드라마로써의 위치를 공고히 하고 있다.

K-드라마 성공의 빛과 그림자*

유튜브 콘텐츠, 글로벌 온라인동영상서비스(OTT)의 일상화는 드라마 시장에 큰 영향을 미쳤다. K-드라마가 OTT로 진출하고 해외의 주목을 받으면서 제작비 상승폭이 매우 커졌다. 회당 제작비가 10억 원, 한 드라마의 제작비가 100억 원이 넘는 경우도 많다. 하지만 경쟁은 치열하고 성공 확률은 오히려 낮아져서 방송사들은 드라마 편성을 줄이는 추세다. 투자를 받지 못해 제작 자체가 무산되는 사례도 늘어나고 있다.

방송사 · 제작사들은 새로운 콘텐츠를 제작하기보다는 성공한 드라마의 IP(지식재산권) 부가 사업으로 수익을 내는 방법을 선택하고 있다. 대표적인 예가 팝업스토어, 웹툰 · 웹소설화, 뮤지컬화, 해외 판권 수출 및 리메이크 등이다.

IP 일자(2024)

IP 활용	작품명
팝업스토어	눈물의 여왕, 선재 업고 튀어, 엄마친구아들
웹툰	이상한 변호사 우영우, 킹더랜드, 연인
웹소설	밤이 되었습니다
뮤지컬	사랑의 불시착, 유미의 세포들
해외 리메이크	눈물의 여왕, 시그널

〈자료〉 이데일리(2024. 11. 14)

다음 작품 계약이나 제작비 투자 등의 보상은 이뤄지지만, 제작사가 비즈니스의 주체가 되지 못하면 제작한 작품이 글로벌 흥행을 하더라도 적절한 보상에서 제외되기도 한다. IP의 중요성을 깨달은 제작사들은 비즈니스의 주체로 사업을 확장하려는 움직임을 보이고 있다.

* 김가영, 〈잘 만든 콘텐츠, 열 드라마 안 부럽다…흥행 IP로 돈 버는 제작사들〉, 《이데일리》, 2024. 11. 14.
김형수, 〈튀르키예판 '눈물의 여왕' 나온다〉, 《THE GURU》, 2024. 11. 10.

PART 1

글로벌 아이콘을 향한 여정

김태룡

PART 2

《Supernatural》이 만들어낸 글로벌 K-팝의 새로운 고지

야마모토 조호

• 뉴진스, 하이브-어도어 타임라인

[K-팝]

뉴진스, 《Supernatural》

'뉴진스(NewJeans)'는 2022년 7월 22일에 데뷔한(前 ADOR 소속) 민지(2004), 하니(2004), 다니엘(2005), 해린(2006), 혜인(2008) 다섯 명으로 이루어진 다국적 걸그룹이다. 청량한 이미지와 음악성으로 전 세계적으로 센세이션을 일으키며 인기를 얻었으나, 현재 하이브와 어도어 대표 민희진의 분쟁으로 거취가 불명확한 상황이다. 관련하여 멤버 하니가 국정감사에 출석해 발언하기도 했다.

| 소속사 : 하이브, (前 레이블: ADOR)

| 앨범 : 2022년 8월, 1st EP 《New Jeans》
2023년 1월, 《OMG》
4월, 《Zero》
7월, 2nd EP 《Get Up》
10월, 《GODS》
12월, 〈NJWMX〉
2024년 5월, 〈How Sweet〉
6월, 〈Supernatural〉

PART 1

글로벌 아이콘을 향한 여정

김태룡*

한국 대중문화와 아이콘

1990년대 X세대들은 '서태지와 아이들'을 자신들의 상징적 존재로 호출하였다. 그들은 서태지와 아이들이 전시하는 전위적인 스타일에 열광하며 전폭적인 지지를 보냈다. 이에 화답하듯 서태지와 아이들은 교육, 통일, 청소년 문제 등 사회적 이슈와 관련하여 X세대들의 감정구조에 충실한 메시지를 발화하였다. 이에 당황한 기성세대들은 억압, 절충, 수용 등의 태도를 보이며 시대의 변화를 마주하였다.

이후에도 당대의 10대와 20대는 자신들의 정체성을 표상할 새로운 스타를 모색하여 인정 투쟁을 위한 문화적 자본으로 삼

* 경희대학교 K-컬처 · 스토리콘텐츠연구소 학술연구교수.

아왔다. 그들은 실시간으로 발전·확장하는 대중매체와 팬덤문화를 향유-활용하면서 자신들만의 확고한 네트워크를 형성할 수 있었다. 이를 기반 삼아 문화적 취향을 집단적으로 발현시켰고, 그 과정에서 수많은 스타가 탄생했다. 스타들은 각기 다른 교차적 범주에서 팬덤 혹은 지지세력들의 문화적 욕망을 대변해 왔다. 그들 중에는 간혹 광범위한 영역과 세대에 걸친 영향력을 획득하는 존재들도 있었다. 그들에게는 '스타'를 너머 특정 시대의 문화를 대표하는 의미인 '아이콘(Icon)'의 지위가 부여되었다. 물론 아이콘의 기준을 명시할 수는 없겠지만 한국 대중문화사를 돌아보면 서태지를 비롯한 여러 아이콘이 등장했고 퇴장했음을 알 수 있다. 그들은 대중문화뿐만 아니라 한국사회 전 영역을 넘나들며 대중들과 상호 간 영향력을 행사하였다.

K-팝 스타의 글로벌 아이콘화

2010년 이후 한국 대중문화 아이콘의 영향 범위는 확장 혹은 이동되었다. 한국의 대중음악과 스타들은 'K-팝'이라는 이름으로 국경 바깥에서 소비되며 한류 현상을 주도하였다. 특히 2010년대 중후반부터 글로벌 대중들의 주목을 받은 BTS는 전 세계적 단위의 팬덤을 형성하게 된다. BTS의 거대한 팬덤은 BTS의 활동을 적극적인 팬 수행과 참여를 통해 지원했다. 그 결과 BTS는 아시아를 넘어, 서구 대중음악 시장에 성공적으로 안착할 수 있었다. 그러한 결과는 빌보드차트 기록을 통해 가시적으로 나타났다.

BTS는 진정한 의미에서 글로벌 아이콘의 조건을 충족시켰다. 그들은 팬덤 혹은 호감을 지닌 청중들의 문화적·정치적 욕망을 표상했다. BTS는 미국 중심의 미디어 시장 시스템에 저항하거나 반감을 가진 이들에게 대안으로 기능했으며, 유색인종에 대한 차별에 반대하는 이들에게 상징적 이미지 또한 제공하였다. 가부장적 질서로부터 이탈하고자 하는 이들에게는 대안적 남성성의 모델을 제시하였다. BTS는 '중소형 규모의 기획사에서 제작된 아이돌의 세계적 성공'이라는 언더독 스토리를 지니고 있다. 이러한 서사적 요소는 그들이 (서구 중심적 관점에서) 주변부적 정체성을 지닌 이들의 대변자가 되는 데 기반으로 작용했다.

이렇듯 BTS는 '글로벌 아이콘으로서의 K-팝 아티스트'라는 선례를 남겼다. 국내의 언론과 대중들은 BTS를 이어 누가 차기 글로벌 아이콘이 될 수 있을 것인가에 대해 여러 의견을 제시하고 있다. 물론 또 다른 K-팝 아티스트가 BTS만큼의 성취를 이룰 수 있을지는 누구도 장담할 수 없다. 설령 등장한다 하더라도 그 시기를 가늠하기 어렵다. 그러나 이미 BTS의 성공을 목도한 대중들의 기대치는 하향 조정될 수 없을 것으로 보인다. 속칭 4세대 아이돌이라 불리는 후속 아티스트들은 자의와는 무관하게 대중들이 부여한 'BTS의 뒤를 이을 글로벌 아이콘'의 달성이라는 시대적 소명을 과제로 짊어지게 되었다.

뉴진스에게서 발견되는 글로벌 아이콘의 가능성

이러한 요청에 부응할 수 있는 사례로는 2022년에 데뷔한 걸그룹 뉴진스를 생각해 볼 수 있다. 이미 뉴진스는 국내의 여러 언론에 의해 'Next BTS'로 주목받은 바 있다.[1] 다수의 언론은 뉴진스의 업적을 BTS와 비교하며[2] 세계 무대에서 4세대 K-팝의 대표주자로 활약하게 될 것이라는 기대감을[3] 표출하였다. 뉴진스는 유례없는 속도와 규모로 영향력을 확장해 나가며 아이콘으로 발돋움하고 있다.

뉴진스를 바라보는 해외의 시선 역시 예사롭지 않다. 뉴진스는 2023년 미국 비영리단체 골드하우스에서 선정한 '문화와 사회에 가장 큰 영향을 끼친 아시아-태평양인 100명'에 포함되었다.[4] 타임지 또한 뉴진스를 '2023 차세대 리더'로도 선정하기도

1 우빈, 〈'NEXT BTS'는 뉴진스였네, 최상의 답을 찾은 하이브〉, 《텐아시아》, 2023. 01. 20.

2 윤기백, 〈BTS가 8년 차에 이룬 성과… 뉴진스, 6개월 만에 해냈다〉, 《이데일리》, 2023. 01. 20.

3 안진용, 〈K-팝 시장을 이끌 차세대 주자이자 '대세' 2023년 음악 아이콘: 걸그룹 뉴진스〉, 《쿨투라》, 2023. 12. 01.

4 조유리, 〈뉴진스, '美 영향력 있는 아시아인 100' 선정〉, 《뉴스인사이드》, 2023. 05. 02.

했으며[5] 빌보드는 '2024 21세 이하 영향력 있는 아티스트 21'의 명단에 뉴진스의 이름을 올렸다.[6] 음악계뿐만 아니라 패션계에서도 뉴진스에 대한 기대감이 표출되었다. 영국 패션 전문매체 BoF에서 선정한 '글로벌 패션계를 이끄는 500인'에도 선정되었다.[7] 이 모든 결과는 K-팝 걸그룹 중 유일하게 이루어낸 것이라 그 의미가 더 크다고 할 수 있겠다. 물론 언론의 긍정적 시선을 획득한 것만을 두고서 글로벌 아이콘에 등극했다고 평가하기는 어려울 것이다. 그들은 아직 BTS가 이룩한 음악적-문화사회적 성취에는 이르지는 못했다. 그럼에도 뉴진스를 주목할 만한 이유는, 그들이 글로벌 아이콘을 향해 나아가는 과정 중에 있음을 확인할 수 있기 때문이다.

이러한 사실을 전제로 하여 본고에서는 뉴진스가 글로벌 아이콘이 되어가는 과정의 한 단계로서 2024년 6월 21일 발매된 일본 데뷔 싱글《Supernatural》에 대한 분석을 시도해 보고자 한다. 이는 단순히 해당 음반이 담고 있는 콘텐츠에 대한 분석에 그치지 않을 것이다.《Supernatural》을 둘러싸고 있는 뉴진스의 활동과 그것에 대한 대중들의 시선과 반응 또한 분석을 위한 텍스트로 삼고자 한다. 대중음악 혹은 뮤지션들이 사회적 현상과

5 오병수, 〈뉴진스, 美 타임 '2023 차세대 리더' 선정…"K팝 아티스트 중 유일"〉,《내외경제TV》, 2023. 05. 25.

6 이정은, 〈뉴진스, 빌보드 '21세 이하 21인'에 선정…K팝 아티스트론 유일〉,《MBC》, 2024. 06. 01.

7 손진아, 〈뉴진스, 영향력 대박…'글로벌 패션계 이끄는 500인' BoF 500에 들었다〉,《MK스포츠》, 2023. 10. 07.

결부되었을 때는 단순히 그들의 음악뿐만 아니라, 그것을 매개로 한 대중들과의 상호작용 역시 중요한 의미를 지닐 수 있기 때문이다.

국경을 횡단하는 시공간적 아네모이아와 노스텔지어

과거의 것이 새로운 방식으로 재해석되어 다시 소비되는 현상인 '뉴트로'는 2010년대 후반부터 한국 대중문화 시장의 주된 트렌드 중 하나로 자리하고 있다. 특히 문화적 욕망이 폭발적으로 분출되던 1990년대의 스타일은 뉴트로 콘텐츠의 주된 원형으로 기능했다. 이러한 현상은 다양한 사회적 요인들이 작용한 결과이다. 1990년대 문화의 주된 소비자였던 X세대들은 현재 문화생산의 주도층이 되었다. 1990년대 문화를 가장 잘 이해하고 있는 그들이 기획한 문화에는 자연스럽게 그들의 취향이 반영되었다. 뉴진스의 기획자 민희진 역시 1979년 생으로 가장 감수성이 풍부한 시기에 1990년대를 맞이했을 것이다. 그로 인하여 뉴트로 콘텐츠는 당시를 그리워하는 이들에게 '노스텔지어'로 소비될 수 있다.

반면 실시간으로 등장하는 새로운 콘텐츠들을 추적하며 빠른 속도로 흡수하는 10대와 20대에게 뉴트로는 오히려 경험해보지 못한 새로운 영역이다. 오늘날 콘텐츠 시장의 핵심 전략은 신속한 노출이다. 사람들의 이목을 선점하고 트렌드를 주도하는 것이 중요하기 때문이다. 그러한 과정은 콘텐츠의 퀄리티를 담보하지는 못한다. 반면 오랜 시간 충분한 검증을 거쳐 현재까지 생존하는 데 성공한 과거의 것에서는 진정성을 경험하게 된다. 이러한 뉴트로 콘텐츠를 통해 젊은 세대들은 자신이 살아보지 못한 과거에 대한 향수를 갖게 된다. 이러한 감정을 아네모이아(Anemoia)라고 한다. 이는 동일한 콘텐츠라 할지라도 세대에 따라 감수성의 작동 원리가 달라질 수 있다는 것을 보여준다. 뉴트로 콘텐츠는 기성세대에게는 노스텔지어로, 젊은 세대에게는 아네모이아로 작동하는 것이다.

이미 청자 대부분은 '과거에 대한 향수'가 뉴진스 콘텐츠에 내재된 감수성의 주요 축[8]임을 감지하고 있다. 데뷔곡 〈어텐션〉의 안무와 스타일링, 멤버들의 표정과 눈빛은 1990년대 말 전성기를 구가하였던 S.E.S., 핑클 등 1세대 걸그룹을 연상시켰다. 이것은 단순한 과거 반복이 아닌 재해석을 통해 이루어진 뉴트로였다. 〈디토〉 뮤직비디오는 1990년대 말 한국의 중·고등학교를 배경으로, 오래된 교실과 과거 유행하던 스타일의 교복, 캠코더 등 향유자의 향수를 자극하는 요소들로 가득 채워져 있다. 뉴트로가 한국사회의 커다란 문화적 흐름을 형성하는 가운데, 뉴진스는 정확하게 그 핵심을 관통하고 있던 것이다.

8 서영호, 「K-팝과 팝 사이, 뉴진스가 세상을 끌어안는 법」, 『2024 K-콘텐츠: 한류를 읽는 안과 밖의 시선』, 경희대학교 출판문화원, 2024, 80-82쪽.

이미 90년대 후반의 감수성을 완벽하게 흡수한 뉴진스는 《Supernatural》을 통해 90년대 초중반의 정서까지 구현하는 데 성공한다. 장르적으로 보았을 때 《Supernatural》에는 뉴잭스윙의 성격이 짙게 배어 있다. 사운드, 스타일, 안무 등을 종합적으로 감상하였을 때 그것은 듀스, 서태지와 아이들이 국내에서 선구적으로 시도하였던 음악과 퍼포먼스를 떠올리게 한다. 1990년대 초반 블랙뮤직이 한국 대중음악 시장에 다양한 형태로 진입하여 정착하기 시작하던 시절, 가장 에너지 넘치고 젊은 장르로 자리한 장르가 바로 뉴잭스윙이라고 할 수 있다. 뉴잭스윙은 90년대에 절대적인 지지를 받던 뮤지션들이 선보이던 장르였기 때문에 시대를 대표하는 장르로 기억되고 있다. 유명 댄서이자 안무가인 제이블랙은 뉴진스가 '뉴잭스윙의 오리지널리티를 제대로 구현'[9]하였음에 찬사를 보낸 바 있다. 《Supernatural》은 X세대 문화를 열정적으로 소비하였던 이들의 기억을 불러낸다.

흥미로운 지점은 《Supernatural》에 뉴잭스윙과 다소 이질적인 장르가 혼재하고 있다는 것이다. 장르적 요소를 분석해 보면, 드럼 비트와 베이스라인, 안무는 뉴잭스윙의 화법을 충실히 따르고 있지만 신시사이저의 음색과 코드 진행은 1970 후반부터 1980년대 중반 사이 일본에서 유행했던 속칭 시티팝과 유사하

9 제이블랙 & 제이핑크, 〈감탄만 하다 끝나버린 슈퍼내추럴 리뷰 / NewJeans-Super Natural / 춤리뷰 16〉, 《유튜브》, 2024. 07. 01.

다. 시티팝은 요트록, 퓨전재즈, 펑크, 디스코 등의 장르를 기반으로 하되 70-80년대 일본의 가요 창법 및 사회의 정서를 담아낸 장르로 분류된다. 당시 일본 경제 호황기의 영향을 받아 주로 도회적이고 세련된 분위기를 추구하며, 드라이브와 밤 문화, 바닷가와 휴가 등의 여유롭고 낭만적인 주제를 노래한다. 물론 시티팝은 명확한 기준점을 가진 장르는 아니다. 흥미로운 것은 2010년대 중후반을 기점으로 온라인에서 시티팝이 다시 향유되기 시작하였다는 사실이다. 다수의 크리에이터는 과거 일본에서 발표된 시티팝을 소재로 하여 다양한 영상을 제작하였다. 그들이 시티팝을 시각화하는 주된 방식은 80~90년대 일본 애니메이션에 등장하는 도시의 야경 혹은 도로의 이미지와 결합하는 것이었다. 이렇게 시티팝은 표상적 이미지를 새롭게 구축하게 된다.

〈Supernatural〉의 뮤직비디오와 무대연출에는 이러한 시티팝의 시각적 표상이 반영되어 있다. 2개의 파트로 분리되어 있는 〈Supernatural〉의 뮤직비디오에는 초저녁의 도시 야경이 주된 배경으로 활용되고 있다. 뉴진스 멤버들은 야경이 보이는 옥상 라운지에서, 도로 위를 달리는 버스 위에서 퍼포먼스를 수행한다. 이러한 이미지의 구현은 무대연출로도 이어진다. 2024년 7월 13일 MBC의 음악방송인 〈쇼! 음악중심〉에 등장한 뉴진스는 〈Supernatural〉의 공연을 위해 도시 야경의 모습을 본뜬 형태의 세트를 구현하였다.

《Supernatural》은 1990년대 한국 청년들의 취향이 반영된 뉴잭스윙과 1970-1980년대 일본 버블경제 당시의 정서가 반영된 시티팝이 결합되어 있는 텍스트로 볼 수 있다. 물론 음악적 뿌리를 블랙뮤직에 두고 있다는 점에서 완전히 상이한 장르는 아니나, 각각 다른 장소와 시대를 표상하는 장르로서 이질적인 문화간 혼종 혹은 횡단의 시도라고 볼 수 있을 것이다. 이는《Supernatural》이 시간과 공간을 초월하는 아네모이아 혹은 노스텔지어로 작동할 수 있는 조건이 된다. 이미 《Supernatural》 관련 유튜브 콘텐츠의 댓글 창에는 다양한 연령대의 팬들이 각기 다른 방식으로 과거에 대한 회상을 공유하고 있다. 그들 중 비교적 연령대가 낮은 청자로 보이는 이는《Supernatural》을 두고 'Y2K 느낌'이라고 (잘못) 평하기도 한다. 혹자는 막연하게 일본 버블경제의 풍요에 대한 그리움을 논하기도 한다. 뉴진스의 이러한 시도는 다양한 향유자들이 각기 다른 방식으로 과거를 재형성할 수 있는 정서적 수단을 제공한다. 단순히 시간적 차원에서만 이루어지는 것이 아니라 한국과 일본의 경계를 넘나드는 공간적 차원의 아네모이아-노스텔지어가 가능한 것이다.

한-일 국경을 횡단하는 아네모이아-노스텔지어의 시도는 팬 미팅을 통해서도 읽을 수 있다. 뉴진스는 2024년 6월 26일, 27일 이틀에 걸쳐 팬미팅인 '버니스 캠프 2024 도쿄돔'을 개최하였다. 당시 멤버들은 각자 솔로 커버 무대를 가졌는데, 혜인이 공연한 타케우치 마리야의 〈Plastic love〉와 하니가 공연한 마츠다 세이코의 〈푸른 산호초〉가 화제가 된 바 있다. 두 노래 모두 1980년대 일본에서 발표되었으며, 당대 일본사회의 정서를 반영하고 있는 음악으로 평가된다. 뉴진스의 이러한 시도는 한국 팬들과 젊은 일본 팬들의 아네모이아를 자극한다. 이는 일본의 중장년 팬층의 노스텔지어를 자극하려는 시도로도 읽을 수 있다. 뉴진스가 본국인 한국에서 뉴트로적 시도를 통해 넓은 세대에 걸친 지지층을 확보하였던 것처럼, 일본에서 또한 세대를 초월한 공감대 형성을 시도하고 있다. 이러한 시도가 관철될 때 뉴진스는 국경과 세대의 경계를 초월하는 아이콘에 가까워질 수 있을 것이다.

경계적 정체성의 표상으로서 뉴진스

K-팝 아이돌의 역사를 세대론으로 분류하였을 때, 3세대 아이돌이 등장할 무렵부터는 그룹 대부분에 해외 국적 멤버들이 포함되기 시작하였다. 그들은 한국에서 나고 자란 멤버와는 다른 유형의 매력을 발산하며, 소속 그룹의 자국 진출 시 해당 국가 대중들의 관심을 집중시키는 역할을 해냈다. 자연스럽게 K-팝 아이돌은 초국적인 정체성을 획득하게 되었다. 그리고 이러한 다중적인 정체성은 문화가 횡단·교차하며 제3의 문화가 곳곳에서 창조되는 트랜스컬처의 시대에 환영받고 있는 것으로 보

인다. 실제로 K-팝 문화는 수용자들의 다중적인 문화정체성 구축을 위한 자원으로 활용되기도 한다. 한 칼럼에 따르면 미국에 거주하는 아시아계 팬들에게 세계 메인스트림 무대에서 활약하고 있는 K-팝 아이돌의 모습은 성공을 위한 모델로서 기능한다. 서구사회 속에서 소수인종으로 존재하는 동양인 팬들은 자신과 닮은 K-팝 스타의 모습을 바라보며 자신의 다중적 자아를 긍정적인 방향으로 해석하기도 한다. 문화적 경계에 있는 이들이 문화의 중심부로 진입하는 데에 K-팝이 활용되고 있는 것이다.[10] 뉴진스 역시 다국적 그룹으로, 한국인 3인과 복수국적을 가진 멤버 2인으로 구성되어 있다. 뉴진스는 이를 통해 초국적인 정체성을 확보하고 있다.

〈Supernatural〉의 뮤직비디오를 살펴보면 그들이 지닌 경계적 정체성의 강화 시도가 나타난다. 작품 속 멤버들은 지구가 아닌 외계로부터 유입된 이계적 존재로 등장한다. 그들은 각자 분신술, 날씨 조절 등의 초능력을 지니고 있으며, 자신들의 능력과 정체성을 감춘 채 지구인들 사이에 틈입한 존재들로 보인다. 이들은 지구와 자신들이 원래 거주하던 행성 사이에서 소속에 대한 혼란을 경험한다. 이러한 방황은 혜인이 지구인 남성과 사랑에 빠져 고민하는 모습이나 팀의 거취를 두고 갈등하는 민지와 하니의 대화를 통해 나타난다. 이는 문화·국가적으로 어느 쪽

10 Lenika Cruz, "How K-pop Fans Find True Connection Online and You Can Too," The Jed Foundation.

에도 속하지 못하고 정체성의 갈등을 겪는 이들에게 뉴진스에게 자기를 투영할 기회를 제공한다.

〈Supernatural〉은 빌보드 글로벌 차트 14위, 일본 오리콘 싱글 데일리 차트 1위, 라인 뮤직 실시간 및 일간 차트 1위를 기록한 바 있다.[11] 이미 뉴진스는 해외에서 활발히 소비되고 있으며, 〈Supernatural〉의 메인 타겟 국가인 일본에서도 소정의 성과를 거둔 것을 확인할 수 있다. 흥미로운 것은 멜론, 벅스 등 한국의 주요 음원 서비스 차트에서도 1위를 기록하였다는 점이다. 《Supernatural》은 일본 진출용 싱글이다. 멜론에서는 곡의 장르를 'J-팝'이라고 설명하고 있다. 가사 또한 총 3개 국어(한국어, 영어, 일본어)로 이루어져 있다. 이와 같은 장벽에도 한국의 대중들은 《Supernatural》을 적극적으로 소비했다. 이는 뉴진스가 이미 초국적 정체성을 지닌 그룹으로 인지되고 있음을 말해 준다. 특히 반일 감정이 해소되고 있지 않던 상황에서 일본어 가사로 이루어진 곡이 반감 없이 수용되었다는 점에서 더욱 그러하다.

《Supernatural》은 뉴진스가 이미 확보한 초국적·경계적 정체성을 확장하고 강화하는 과정 중에 탄생한 결과물이다. 앞서 논하였듯 이러한 시도는 경계적 정체성을 지닌 이들이 뉴진스에게 동일시를 가능하게 한다. 이러한 상호작용이 광역적으로 활성화될 때, 자연스럽게 뉴진스는 그들을 대변하는 존재로 자리

11 조지영, 〈日도쿄돔 부순 뉴진스, 'Supernatural' 전파력 미쳤다… 美 빌보드 글로벌 송차트 상위권 안착〉, 《스포츠조선》, 2024. 07. 03.

할 수 있을 것이다.

뉴진스의 여정을 통해 확인하는 Iconization의 과정

1995년 서태지와 아이들 4집 《컴백홈》의 수록곡인 〈시대유감〉은 사전심의제도로 인하여 가사가 삭제된 채 MR의 형태로 발매되었다. 사건의 내막을 알게 된 서태지와 아이들의 팬들은 다양한 사회적 실천을 수행하기 시작하였다. PC통신 동호회를 중심으로 여론을 형성하고 방송국, 신문사 등 언론은 물론 국회에까지 투서하여 사전심의제도의 폐해를 알렸다. 이듬해 결국 사전심의제도는 공식적으로 폐지된다. 이를 계기로 서태지는 저항의 상징이 되었고 팬덤 역시 단순한 취향 공동체가 아닌 액티비즘이 가능한 집단으로 자리하게 되었다.

2024년 10월 15일 뉴진스의 멤버 하니는 국회 환경노동위원회 국정감사에 참고인으로 출석하여 '직장 내 괴롭힘'과 관련된 일들에 대해 증언하였다. 《Supernatural》 활동이 종료된 지 약 3개월이 지난 시점이었다. 이는 하이브-민희진 간 갈등이 불거지는 과정에서 정치권의 개입으로 인해 발생한 일이다. 팬들의 관점에서는 만 20세의 외국인 여성이 어른들의 권력 다툼에 휘말리는 구도로 비치고 있는 것으로 보인다. 하지만 긍정적인 측면도 있다. 팬들은 피권력자의 위치에서도 자신의 주장을 굽히지 않는 하니의 모습에서 30년 전 저항의 아이콘으로 자리하였던 서태지의 모습을 발견하고 있는 듯하다. 다소 확대해석일 수 있지만, 팬들은 하니와 뉴진스에 대한 지지를 통해 기성세대와 한국사회의 수직적 구조에 대해 문제를 제기했다고 볼 수 있다. 이것이 사실이라면 이미 뉴진스는 최소한 국내에서만큼은 아이콘의 위상에 거의 도달해 있다고 볼 수 있을 것이다. 물론 뉴진스의 글로벌 아이콘화(Iconization) 역시 현재 진행 중이다.

PART 2

《Supernatural》이 만들어낸 글로벌 K-팝의 새로운 고지

야마모토 조호*

K-팝의 진화와 《Supernatural》

K-팝은 2000년대 이후 한국을 넘어 전 세계적으로 빠르게 영향력을 확대해 왔다. BoA, 동방신기, 소녀시대의 활약은 BTS와 블랙핑크가 지위를 확립하는 기반이 되었다. 이러한 아티스트의 활약은 한국의 문화적 정체성을 유지하면서도 글로벌 음악 트렌드와 시대정신을 반영하여 폭넓은 K-팝 팬층을 확보하는 데 도움이 되고 있다.

이러한 배경 속에서 등장한 것이 뉴진스의 일본 데뷔곡 〈Supernatural〉이다. 이 곡은 K-팝에서 새로운 패러다임을 상징하는 작품으로 평가받고 있으며, 기존의 물리 매체 판매나 한정판

* 山本浄邦, K-팝, 동아시아 근현대사 연구자, 일본 불교대학종합연구소 촉탁연구원.

굿즈 판매에 의존하지 않는 상업 모델의 성공 사례로 주목받고 있다. 이 곡의 앨범은 발매 첫날에 68만 장 이상 판매되며 물리 매체 판매 면에서도 큰 성공을 거두었다. 한편, 스포티파이와 유튜브 스트리밍 성적도 양호하여, 디지털 소비 시대에 적합한 새로운 성공 전략을 보여주었다.

뉴진스는 Z세대를 중심으로 한 디지털 네이티브 층을 타겟으로 하여 SNS를 활용한 바이럴 전략을 전개하고, 팬들과의 실시간 소통을 강화하고 있다. 틱톡과 인스타그램을 이용한 프로모션 활동은 팬들이 곡을 적극적으로 공유하고, 글로벌한 인기를 높이는 데 중요한 역할을 했다. 또한, 현대 아트의 거장인 무라카미 다카시와의 협업을 통해 음악과 비주얼아트가 통합된 작품을 제공하며, 소비자에게 강한 인상을 주고 있다.

이러한 방식으로 뉴진스의 《Supernatural》이 보여주는 혁신은 향후 K-팝 연구에 있어 중요한 참고 자료가 될 것으로 생각된다. 따라서 여기에서는 뉴진스의 《Supernatural》을 통해 K-팝이 시대의 변화에 어떻게 적응하고, 새로운 음악 트렌드와 상업 모델을 구축해 왔는지를 탐구한다. 또한, 이 앨범이 팬의 마음을 어떻게 사로잡고 K-팝의 최신 트렌드와 어떻게 연동되는지를 분석한다. 더 나아가 K-팝이 가진 한국적 요소와 글로벌한 보편성에 대해서도 깊이 고찰하며, 그 문화적 의미를 밝혀내고자 한다.

음악 소비의 변화

뉴진스의 《Supernatural》은 K-팝의 새로운 상업 전략을 구체화한 작품으로 주목받고 있다. K-팝은 오랜 시간 동안 한정판 굿즈 판매와 물리 매체 판매에 의존한 상업 모델을 전개해 왔으나, 디지털 시대의 도래로 인해 음악 소비의 형태가 크게 변화하였다. 스포티파이나 애플뮤직과 같은 스트리밍 서비스 보급이 빠르게 확산되며, 음악은 더 이상 물리 매체에 의존하지 않는 유통적 특징을 지니게 됐다. 그렇다면 《Supernatural》이 어떻게 기존의 물리 매체 판매에서 디지털 중심의 상업 전략으로 성공적으로 이동했는가?

K-팝 산업은 오랫동안 물리 매체 판매에 의존해 왔다. 한정판 굿즈 판매는 팬들이 여러 장의 앨범을 구매하도록 유도하여 일본의 오리콘 차트에서 높은 순위를 기록하는 수단으로 사용되어 왔다. 사인회 응모, 한정판 굿즈, 가챠[1] 성향의 포토카드 등은 팬들의 소비 동기를 자극하여 기획사의 매출 규모를 늘리는 효과적인 방법이 되어왔다.

한정판 굿즈 판매에는 한계가 존재한다. 음원과 상업적 성공과 직결되지 않을 수 있으며, 이는 기획사의 물리 매체 생산 요소와 유통가에 인플레이션을 불러들여 마진율을 얇게 만드는

1 '가챠'란 일본의 캡슐토이 자판기인 '가샤폰(Gashapon, ガシャポン)'에서 유래한 말이다. 동전으로 여러 종류의 캡슐 포장 장난감 중 랜덤으로 하나를 얻을 수 있다.(편집자 주)

위험 요소가 있다. 더욱이, 디지털 플랫폼이 주요한 유통 채널로 자리 잡아가고 있는 현대사회에서는 물리 매체의 가치 또한 점차 하락할 것이라 예상된다. 따라서 한정판 굿즈 판매에 의존하는 모델은 지속 가능한 전략으로 보기 어렵다.

더불어 스트리밍 서비스의 급격한 확산은 음악 소비의 근본적인 변화를 가져왔다. 스포티파이, 애플뮤직, 유튜브와 같은 플랫폼은 소비자가 물리적 미디어 없이도 언제든지 음악을 스트리밍할 수 있는 환경을 제공하고 있다. 이러한 새로운 소비 형태는 특히 모바일을 중심으로 소비 채널을 마주하는 젊은 세대에서 널리 수용된다. 이러한 변화는 음악 산업 전체가 디지털로 전환되는 중요한 전환점을 마련했다고 할 수 있다.

《Supernatural》은 위와 같은 디지털 소비 시대에 빠르게 적응한 음원이다. 발매 직후, 스포티파이 일본 데일리 차트에서 상위권에 오르며 스트리밍을 통해 빠르게 인기를 끌었다. 스포티파이와 애플뮤직과 같은 서비스를 통해 뉴진스 같은 아티스트는 물리적 미디어를 사용하지 않고도 전 세계 소비자에게 직접 음악을 전달할 수 있으며, 글로벌 시장에서의 성공을 위한 길을 열고 있다.

또한, 스트리밍 서비스뿐만 아니라 SNS를 활용한 홍보와 팬과의 소통도 《Supernatural》의 성공에 크게 기여하고 있다. 틱톡과 인스타그램과 같은 플랫폼은 아티스트가 직접 팬과 소통하며, 물리 매체 특전에 의존하지 않고 팬층을 강화할 수 있는 강력한 도구가 되고 있다. 뉴진스는 발매 전에 《Supernatural》의 일부를 공개하여 팬들이 틱톡에서 댄스 챌린지나 커버 영상을 만들도록 유도하여, 소비자가 뉴진스라는 브랜드를 접촉할 기회를 늘려나갔다. 이를 통해 곡은 발매 전부터 큰 화제를 모을 수 있었다.

나아가 아티스트가 팬과 실시간으로 소통할 수 있는 SNS의 활용은 특히 젊은 팬층에 강한 영향을 미친 것으로 보인다. 젊은 세대는 음악 소비뿐만 아니라 아티스트와 상호적인 관계를 중시하며, SNS를 통한 소통이 그들의 음악 경험에서 필수적인 요소가 되고 있다. 뉴진스의 멤버들은 SNS를 적극적으로 활용하여 팬들과의 친근감을 높이고, 강력한 팬덤을 구축하였다.

《Supernatural》은 물리 매체 판매에 의존하지 않고 지속 가능한 상업 모델을 확립한 성공 사례로 평가된다. 한정판 굿즈 판매에 의존하지 않고도, 음악의 질과 디지털 플랫폼을 활용한 프로모션 전략으로 상업적 성공을 거둔 이 모델은 기존 K-팝 아티스트들이 의존해 온 전략에서 큰 전환점을 나타낸다. 스포티파이와 같은 스트리밍 서비스 및 SNS를 최대한 활용하여 전 세계 팬에게 다가가는 이 접근법은 향후 K-팝 아티스트들에게도 중요한 참고 모델이 될 것이다.

이와 같이 《Supernatural》은 한정판 굿즈 판매 중심의 물리 매체 세일즈 모델에서 벗어나 음악 그 자체의 가치를 강조하며, 스트리밍과 SNS를 활용하여 상업적 성공을 거둔 새로운 패러다임을 확립하였다. 이 접근법은 디지털 시대의 K-팝이 향후 성장할 가능성과, 음악 산업에 새로운 방향성을 제시하고 있다.

《Supernatural》의 음악적 혁신

뉴진스의 《Supernatural》은 단순히 상업적 성공을 거둔 것에 그치지 않고, 그 음악적 혁신성 또한 높은 평가를 받고 있다. 이 곡은 1980년대 후반부터 1990년대에 유행했던 뉴잭스윙을 현대적으로 재해석하여 신선한 음악 경험을 제공하였다. 음악적 요소, 사운드 디자인, 보컬 편곡에서 전체적으로 미니멀하면서도 깊은 인상을 주는 작품으로 주목받고 있다. 여기서는 《Supernatural》의 음악적 혁신성과 그 일본 시장에서의 수용에 대해 살펴보겠다.

1980년대에서 1990년대에 걸쳐 미국 음악 씬에서 큰 인기를 끌었던 뉴잭스윙의 요소를 《Supernatural》은 정교하게 담아내고 있다. 뉴잭스윙은 R&B와 힙합을 결합한 리듬 중심의 스타일로, 당시 소비자에게 신선한 경험을 제공하였다. 뉴진스는 이러한 레트로한 리듬과 사운드를 현대적으로 해석하고, 미니멀하면서도 섬세한 편곡을 가미함으로써 새로운 음악 스타일을 창조해 내고 있다.

구체적으로 《Supernatural》은 강력한 드럼 비트와 펑키한 베이스라인을 중심으로 하면서도, 신시사이저를 효과적으로 사용하여 사운드의 두께를 줄여 곡 전체를 세련되게 만들고 있다. 이는 기존 K-팝에서 흔히 사용되는 화려한 신스사운드(Synth Sound)[2]나 밀도가 높은 편곡과는 대조적이다. 이 미니멀한 접근 방식은 곡의 에너지를 유지하면서도, 소비자가 리듬의 미세한 변화나 멜로디의 매력을 더 강하게 느낄 수 있도록 구성되어 있다.

뉴잭스윙을 도입함으로써 향수를 자극하는 동시에 현대 소비자에게도 신선함을 선사한다. 특히 일본 시장에서는 1990년대 음악 스타일이 다시 주목받고 있어,《Supernatural》은 다양한 세대에서 지지를 얻고 있다. Z세대 젊은 층에게는 새로운 감각으로, 30대에서 40대 소비자에게는 향수를 불러일으키는 요소로 작용하고 있다.

또한《Supernatural》의 또 다른 특징은 미니멀한 사운드 디자인과 정교한 보컬 편곡이다. 일반적으로 K-팝 곡들은 풍부하고 복잡한 편곡이 특징이며, 강렬한 비트가 강조된다. 그러나 이 곡은 의도적으로 음의 수를 줄여 심플하고 명확한 사운드를 추구하고 있다. 특히 곡 전체에 여백을 두어 소비자가 리듬과 멜로디의 섬세한 변화를 더 잘 느낄 수 있게 하였다.

이러한 단순함은 멤버 각각의 보컬 매력을 끌어내는 역할을

2 신시사이저(synthesizer)를 줄여서 신스(synth)라고 한다. 쉽게 말하면 가상 악기로, 넓은 의미로 소리를 합성해 내는 모든 하드웨어/소프트웨어가 신스(=신시사이저)이다.

한다. 뉴진스 멤버들의 독특한 음색이 사운드에 맞춰 교묘하게 배치되었으며, 후렴 부분에서는 중첩된 보컬이 입체적인 하모니를 만들어낸다. 이러한 편곡은 소비자에게 감정적인 깊이를 제공하고, 음악 자체의 가치를 높이는 요소가 된다.

미니멀한 사운드 디자인은 시각적 퍼포먼스와 음악의 결합을 강조하는 효과 또한 있다. 일반적인 K-팝에서는 곡과 퍼포먼스의 통일성이 매우 중요시되지만, 《Supernatural》에서는 간단한 곡 구성이 춤과 퍼포먼스를 더욱 돋보이게 하여 소비자에게 강렬한 인상을 남긴다. 이렇게 음악과 시각의 균형을 유지하는 접근 방식은 기존 K-팝의 새로운 진화를 보여준다.

《Supernatural》이 주목받는 이유 중 하나는 비주얼적 요소와의 융합이다. 특히 일본 현대 미술가인 무라카미 다카시와의 협업은 이 곡의 비주얼적 임팩트를 더욱 높여주었고, 음악과 아트의 새로운 융합 방향성을 제시하고 있다. 무라카미 다카시(村上隆)는 팝아트적인 요소와 일본의 서브컬처에 대한 깊은 이해를 지닌 세계적인 아티스트로, 그의 작품은 《Supernatural》의 비주얼 측면에 큰 영향을 미쳤다.

무라카미의 비주얼 스타일은 곡이 지닌 신비롭고 환상적인 분위기를 더욱 강조하는 역할을 한다. 그의 작품은 《Supernatural》의 아트워크 외에도 같은 앨범에 수록된 〈Right Now〉의 뮤직비디오에 반영되어 시각과 음악의 일체감을 만들어낸다. 이로 인해 소비자는 단순히 곡을 듣는 것에 그치지 않고, 시각적 경험을 통해 음악의 세계에 더 깊이 몰입할 수 있게 되었다.

예를 들어, 무라카미의 다채롭고 대담한 디자인 요소는 곡의 사운드스케이프(soundscape)[3]와 훌륭하게 조화를 이루며, 청각과 시각 양쪽에서 강한 인상을 남긴다. 이 협업은 K-팝의 비주얼 측면에서 표현력의 새로운 가능성을 열어주고, 음악을 넘어선 종합 예술 작품으로 자리매김하게 했다.

일본 시장에서의 무라카미와의 협업은 음악과 미술이 상호작용하는 새로운 시장 전략으로도 평가받고 있다. 일본 소비자들은 음악뿐만 아니라 비주얼 콘텐츠에도 높은 관심이 있으며, 무라카미와 같은 저명한 아티스트와의 협업은 작품의 예술적 가치를 더욱 높여준다. 이렇게 《Supernatural》은 시각과 청각 양면에서 소비자에게 다가가며, 곡이 단순한 음악 작품을 넘어서는 존재로 인식되도록 하고 있다.

《Supernatural》은 음악적 혁신성과 상업적 성공을 균형 있게 이룬 작품이다. 기존 K-팝은 한정판 굿즈 판매이나 물리 매체 판매에 크게 의존하는 경향이 있었지만, 뉴진스는 그 틀을 넘어서 음악 자체의 품질과 디지털 플랫폼을 통한 팬과의 소통을 중시하는 전략을 채택하였다. 이 접근법을 통해 그들은 스트리밍과 SNS를 활용하여 지속 가능한 상업 전략을 구축하였다.

특히 틱톡을 활용한 바이럴 홍보는 《Supernatural》의 스트리

3 소리(Sound)와 풍경(Landscape)의 합성어이다. 여러 환경 요소(특정 음향 환경을 경험하는 느낌을 주는 오디오 녹음, 사운드 연주, 또는 음향 환경에서 발견된 사운드 등)를 레코딩하고 재배열하여 공간감을 확보하는 음향에 가깝다.(편집자 주)

밍 재생 수를 급격히 증가시키는 데 기여하였다. 팬들이 자발적으로 댄스 챌린지를 진행하고 곡을 공유함으로써 프로모션이 자연스럽게 확산되었다. 이러한 과정으로 인해 기존처럼 한정판 특전 매체에 의존하지 않고도 글로벌한 영향력을 가진 팬층을 확장할 수 있었다.

이러한 새로운 상업 모델은 단기적인 판매 실적에 의존하는 전략과는 차별화되며, 음악의 창의성과 아티스트의 독창성을 중시하는 태도를 보여준다. 이로써 《Supernatural》은 특전 판매 모델에 의존하지 않고 음악 그 자체의 가치가 평가받는 시대의 도래를 상징하는 곡으로 주목받고 있다. 이렇게 《Supernatural》은 K-팝이 디지털 시대에 어떻게 진화할 수 있는지를 보여주는 혁신과 상업성을 겸비한 작품이라고 할 수 있다.

K-팝의 역사적 발전과 《Supernatural》

K-팝은 1990년대 후반부터 2000년대 초반에 걸쳐, 중국 시장에 이어 일본 시장에서의 성공을 통해 국제적인 음악 장르로서의 지위를 확립하였다. BoA, 동방신기, 소녀시대와 같은 아티스트들은 일본어 음원 발매와 현지에서의 홍보 활동을 통해 일본 음악 차트에서 상위에 올랐다. 이 시기 K-팝은 일본 시장에 특화된 홍보 전략을 채택하였으며, 물리 매체 판매를 중시한 상

업 모델이 일반적이었다. 그러나 디지털 기술의 발전에 따라 2020년대 이후부터는 음악 소비 형태가 급격히 변화하였고, K-팝 또한 새로운 상업 모델을 모색하게 되었다.

K-팝의 일본 시장 진출은 1990년대 후반에 시작되었다. 당시 일본의 음악 시장은 세계에서도 손꼽히는 규모를 자랑하며, 한국 아티스트들에게 매력적인 시장이었다. 처음에는 큰 성공을 거두기가 어려웠으나, 2000년대에 들어서면서 BoA가 일본에서 성공을 거두기 시작하였다. BoA는 이 시기를 대표하는 아티스트로, 일본어 앨범을 발매하고 오리콘 차트에서 정상에 오르는 성과를 올렸다. 이후 동방신기, 소녀시대, KARA와 같은 그룹들이 뒤따르며, 이들의 일본 성공기는 K-팝이 국제적인 무대에서 주목받는 기초가 되었다.

이 시기의 K-팝 아티스트들은 일본어로 된 곡 발매와 팬 사인회, 이벤트 등 특전이 포함된 한정판 물리 매체 판매에 의존하는 홍보를 진행하였다. 일본 팬들은 물리적인 앨범과 굿즈를 수집하는 경향이 강하여, 이것이 K-팝의 성공을 뒷받침하였다. 그러나 이러한 전략은 앨범이나 특전을 많이 판매하는 것에 초점을 맞추고 있어, 음악 자체의 품질이 반드시 중요하지는 않았다.

이에 반해 《Supernatural》은 디지털 소비를 중심으로 한 새로운 상업 모델을 제시하는 K-팝의 대표적인 곡이다. 기존 K-팝 아티스트들이 한정판 굿즈 판매을 중심으로 한정판 물리 매체 판매를 확대해 온 것에 반해, 뉴진스는 스트리밍 서비스와 SNS

를 최대한 활용한 전략을 채택하였다. 이 전략을 통해 《Supernatural》은 일본 시장에서도 높은 재생 수치를 기록하며, 스포티파이의 일본 데일리 차트에서 상위권에 올랐다. 또한, 유튜브에서의 뮤직비디오 재생 수가 급증하며 단기간 내에 수백만 회의 조회수를 달성하였다.

더욱이 틱톡에서의 댄스 챌린지와 팬들이 제작한 커버 영상의 확산은 곡의 인지도를 급격히 높이는 효과를 가져왔다. 이로 인해 《Supernatural》은 물리적 특전에 의존하지 않고도 팬들이 자발적으로 홍보에 참여하게 되어, 디지털 시대에 적합한 새로운 성공 모델을 실현하였다.

일본 시장에서 K-팝은 단순한 음악 장르에 그치지 않고, 문화 현상으로 널리 수용되고 있다. 뉴진스의 《Supernatural》 또한 Z세대를 중심으로 새로운 가치를 제공하는 곡으로 주목받고 있다. 특히 곡의 홍보에서 비주얼 전략과 SNS를 활용한 팬과의 상호작용이 현대 일본의 젊은이 문화에 깊이 침투하고 있다.

틱톡과 인스타그램을 통해 팬들은 자신의 댄스 및 리메이크 영상을 게시하며 《Supernatural》을 활용한 콘텐츠를 적극적으로 공유하고 있다. 이러한 홍보 전략은 기존 미디어를 통한 프로모션과 비교할 때 보다 자연스럽고 확장성이 높은 방식으로, 곡의 인기를 높이는 원동력이 되고 있다.

무형의 문화콘텐츠로서 K-팝의 힘 또한 재확인되고 있다. 주로 영어와 한국어로 노래되는 곡이더라도, 멜로디, 리듬, 비주얼 등 다양한 요소를 통해 일본 시장에서도 공감을 얻을 수 있다는 것이 《Supernatural》의 성공을 통해 입증되고 있다. BoA와 80년대의 조용필, 김연자, 계은숙, 그리고 60년대의 패티김과 같은 일본 진출 선구자들은 일본어로 가창함으로써 성공을 거두었다. 《Supernatural》의 시도는 이러한 성공 모델과는 차별화된 것이다. K-팝은 이제 국경을 넘어 언어를 초월하여 문화적으로 수용될 수 있는 힘을 지니게 되었다.

디지털 시대의 도래로 일본 시장을 포함한 세계 음악 산업은 큰 변화를 맞이하고 있다. 과거에는 물리 매체 판매와 한정판 굿즈 판매에 크게 의존하던 일본 시장도 스포티파이, 애플뮤직과 같은 스트리밍 서비스의 확산으로 인해 음악 소비 방식이 극적으로 변화하였다. 이에 따라 소비자들은 언제 어디서든 곡에 접근할 수 있게 되었고, 물리적 매체의 역할은 점차 줄어들고 있다.

이러한 환경 변화에 대응하기 위해 K-팝 아티스트들은 물리 매체 판매에 의존하지 않는 새로운 상업 전략을 채택할 필요성이 커졌다. 뉴진스의 《Supernatural》은 디지털 플랫폼을 적극적으로 활용하여 물리 매체에 의존하지 않으면서 세계적인 성공을 거두는 모범 사례가 되었다. 이러한 곡들은 향후 K-팝 아티스트들에게 디지털 소비 시대의 새로운 비즈니스 모델의 기준이 될 것이다.

마지막으로: K-팝의 미래와 《Supernatural》

지금까지 뉴진스의 《Supernatural》이 시대의 변화에 어떻게 적응하며 새로운 음악과 상업 모델을 제시하고 있는지를 살펴보았다. 현대의 음악 산업은 디지털 플랫폼에 의존하고 있으며, 전통적인 한정판 굿즈나 물리 매체 판매에 의존하는 전략은 한계에 다다랐다. 이러한 변화 속에서 《Supernatural》은 SNS와 스트리밍 서비스를 활용한 새로운 성공 모델을 제시하며, K-팝의 지속 가능한 성장에 대한 지침을 제공하고 있다.

그 배경에는 뉴진스의 크리에이티브 디렉터인 민희진의 존재가 있다. 그녀는 K-팝에서 새로운 평가 모델을 제안하고 있다. 기존의 상업 모델이 한정판 굿즈나 물리 매체 판매에 의존하고 있었으나, 그녀는 음악 자체의 창의성과 독창성을 중시하는 방향으로 전환하였다. 민희진의 비전에서는 아티스트의 표현력과 음악적 혁신이 팬과의 공감을 창출하며, 그것이 상업적 성공으로 이어진다.

《Supernatural》은 이러한 평가 모델의 전형적인 음악 작품이라 할 수 있다. 이 곡은 판매량을 높이기 위한 전략에만 의존하지 않고, 음악 자체의 창의성을 전면에 내세우고 있다. 음악적으로 혁신적인 요소와 비주얼 요소를 융합하여 아티스트의 표현력이 최대화한다. 이러한 접근은 특히 Z세대 팬들에게 강력한 공감을 불러일으키며, 그들이 원하는 '의미 있는 음악'으로 높은 평가를 받고 있다.

디지털 시대의 도래로 음악 소비 형태가 크게 변화하였고, K-팝의 상업 전략도 전환을 강요받고 있다. 지금까지 살펴본 바와 같이《Supernatural》은 물리 매체 판매에 의존하지 않고 스트리밍 모델을 최대한 활용한 성공 사례로 주목받고 있다. 스포티파이나 애플뮤직과 같은 스트리밍 서비스는 아티스트가 글로벌 소비자에게 즉시 닿을 수 있는 환경을 제공하며, 물리적 유통 비용을 줄이면서도 광범위한 도달성을 가능하게 하고 있다.

SNS를 활용한 홍보 전략 또한《Supernatural》의 성공을 지탱하는 중요한 요소로 작용하고 있다. 틱톡에서의 댄스 챌린지나 인스타그램을 통한 비주얼 프로모션은 팬들이 자발적으로 곡을 확산시키고, 광범위한 팬층을 형성하는 데 기여하고 있다. SNS의 힘을 최대한 활용하여 곡의 출시 전부터 화제를 모으고, 출시 후에도 팬들에 의한 홍보가 지속되는 구조가 형성되었다.

《Supernatural》은 한국 특유의 음악 요소를 담고 있으면서도 글로벌 시장에서 통용되는 보편적인 사운드를 지니고 있다. 이러한 균형은 K-팝이 국제 시장에서 성공할 수 있는 이유 중 하나로, 한국의 문화적 특성과 세계적인 음악 트렌드가 자연스럽게 융합하고 있음을 보여준다.

특히 주목할 만한 점은, 무라카미 다카시와의 협업을 통해 음악과 비주얼아트가 융합된 것이다. 무라카미의 아트 스타일은 국제적으로 높은 평가를 받고 있으며,《Supernatural》은 음악뿐만 아니라 시각적으로도 강한 인상을 남기는 작품이 되었다. 이 융합은 곡을 단순한 음악 작품 이상으로 인식하게 하며, 소비자에게 새로운 경험을 제공하였다.

《Supernatural》의 성공은 K-팝이 앞으로도 지속 가능한 성장을 이룰 수 있는 새로운 상업 모델을 제시하고 있다. 스트리밍 서비스와 SNS를 활용함으로써 물리적 판매에 의존하지 않고 음악 자체의 가치를 중시하는 프로듀싱이 확립된 것이다. 이를 통해 아티스트는 단기적인 판매에 의존하지 않고 장기적인 팬덤의 성장을 추구할 수 있게 되었다.

음악뿐만 아니라 비주얼 요소 및 SNS를 통한 팬과의 상호작용이 향후 K-팝의 성공 요소로 자리 잡을 것이다. 뉴진스가 보여준 바와 같이 디지털 시대에 적응한 아티스트들은 다양한 팬층에 접근하고, 글로벌한 성공을 거둘 가능성이 높다. 앞으로 K-팝이 지속 가능한 상업 모델을 발전시켜 글로벌 시장에서 더 큰 성장을 이루기 위해서는《Supernatural》과 같이 디지털 플랫폼을 중심으로 한 새로운 전략이 핵심이 될 것이다.

뉴진스, 하이브-어도어 타임라인

새로운 시도와 음악성, 한국과 해외에서의 성공으로 많은 이들의 눈과 귀를 즐겁게 해 준 뉴진스는 최근 소속사 분쟁으로 활동에 난항을 겪고 있다. 뉴진스는 현재 하이브에 전속계약 해지를 통보한 상태로, 위약금만 몇천억 원대가 될 전망이다(2024. 11. 28 현재). 뉴진스의 하이브–어도어 관련 분쟁을 타임라인으로 정리해 보았다.

<table>
<tr><th colspan="2">날짜</th><th>내용</th></tr>
<tr><td>2022. 7</td><td>7. 22</td><td>뉴진스 데뷔</td></tr>
<tr><td rowspan="2">2024. 4</td><td>4. 22</td><td>하이브, 민희진 어도어 대표의 경영권 탈취 시도 주장</td></tr>
<tr><td>4. 25</td><td>민희진 어도어 대표 공식 기자회견
(하이브–어도어 분쟁 본격화)</td></tr>
<tr><td rowspan="3">2024. 5</td><td>5. 7.</td><td>어도어 민희진 대표 하이브 상대로 의결권행사금지 가처분 심청</td></tr>
<tr><td>5. 18</td><td>뉴진스 탄원서 제출</td></tr>
<tr><td>5. 31</td><td>민희진 대표 2차 기자회견</td></tr>
<tr><td>2024. 8</td><td>8. 27</td><td>민희진 어도어 대표이사 해임(사내이사 유지)</td></tr>
<tr><td>2024. 9</td><td>9. 11</td><td>뉴진스 라이브 방송/ 민희진 전 대표 어도어 복귀 요구</td></tr>
<tr><td rowspan="2">2024. 10</td><td>10. 17</td><td>민희진 전 대표 사내이사 재선임</td></tr>
<tr><td>10. 29</td><td>민희진 전 대표의 대표이사 재선임 가처분 소송 각하</td></tr>
<tr><td rowspan="4">2024. 11</td><td>11. 13</td><td>뉴진스, 어도어에 내용 증명 발송</td></tr>
<tr><td>11. 20</td><td>민희진 전 대표, 어도어 사내이사 사임
하니, 직장 내 괴롭힘에 대한 국민신문고 민원 행정 종결</td></tr>
<tr><td>11. 27</td><td>어도어 입장문 게재(SNS)</td></tr>
<tr><td>11. 28</td><td>뉴진스 기자회견
(어도어 전속계약 해지 발표)</td></tr>
</table>

PART 1

감당할 수 있는 메타-컬처의 환상

김세익

PART 2

이방인, 주체적 상상, 혼종성

천원징

[예능]

서진이네 2

〈서진이네〉는 과거 〈윤식당〉에 출연한 이서진이 '이사'에서 사장으로 승진하여 해외에서 작은 음식점을 차리고 가게를 운영하는 과정을 담은 스핀오프 예능 프로그램이다. 〈서진이네 1〉은 2023년 2월부터 5월까지 이서진, 정유미, 박서준, 최우식 등이 멕시코에서 K-분식 분점을 내고 영업하는 과정을 그렸다. 〈서진이네 2〉는 북유럽 아이슬란드에서 곰탕집을 내고 영업하는 에피소드를 담았으며 첫 회에서 동시간 시청률 1위를 기록하기도 했다.

- 편성 : tvN
- PD : 나영석 등
- 출연 : 이서진, 정유미, 박서준, 최우식, 고민시 등
- 공개일 : 시즌 1 2023년 2월 / 시즌 2 2024년 6월

PART 1

감당할 수 있는 메타-컬처의 환상

김세익*

나영석 PD는 시대 흐름에 따른 대중적 감성의 변화를 매우 예민하게 포착하는 연출자다. 그는 공중파 예능의 화려했던 정점에서 KBS의 〈1박 2일〉로 대중과 소통하는 방식을 진득하게 연마해 왔으며, tvN으로 이적 후 '꽃보다' 시리즈나 '신서유기' 시리즈와 같은 강력한 IP(지식재산권)를 시즌제로 쉼 없이 개발하기도 했다. 이처럼 나영석 PD는 '공중파 이후 대한민국 예능'의 청사진을 앞장서 제시해 왔다. 나아가 그는 대중이 점차 모여드는 유튜브라는 낯선 환경에 대응하기 위해 침착맨의 사사 속에 '채널 십오야'를 가다듬으며 새로운 영상 문법의 문리를 텄다. 나영석 PD는 그 어떤 방송국 출신 PD들보다도 막강한 영향력과 성과를 양손에 거머쥐면서 플랫폼 시대의 예능 작법을 선도하기

* 경희대학교 K-컬처 · 스토리콘텐츠연구소 전임연구원.

에 이르렀다.

2024년 6월부터 9월까지 방영되었던 〈서진이네 2〉는 나영석 PD의 특징적 면모인 대중적 감성의 변화를 기민하게 좇는 연출철학을 유감없이 담아내고 있는 콘텐츠다. tvN으로 본방송이 나가고, 티빙과 아마존프라임이라는 OTT 서비스로 각각 국내, 해외에 송출되었다. 또한 각 회차의 하이라이트 부분이 5~20여 분 분량의 유튜브 콘텐츠로도 서비스되어 향유층을 단단하게 확보하는 매우 시의적인 구성으로 이루어졌다. 그런데 〈서진이네 2〉가 특별한 것은 비단 방송국-OTT-유튜브를 넘나드는 다매체 전략뿐만이 아니다. 이 콘텐츠는 공급자 중심이 아니라 철저한 수용자 중심으로 기획된 전략적 속성을 갖는다.

밝고 선명한, '감당할 수 있는 환상'의 미학

2018년 6월 18일, 프랑스 칸에서 열린 '칸 라이언스 세미나'에서 특강 연사로 강연을 진행한 나영석 PD는 자신의 프로그램이 인기를 얻은 비결에 대해 다음과 같이 발언한 바 있다.

"어느 날 나에게 10일간의 휴가가 주어진다면 뭘 할까, 라는 생각을 했다. …누구에게나 감당할 수 있는 환상(Affordable Fantasy)을 주고자 했다."

'감당할 수 있는 환상'이라는 키워드는 나영석(사단) 예능의 핵심적인 주제이면서, 그가 대중을 어떤 존재로 바라보는가가 여실히 묻어나는 표현이라고 할 수 있다. 실제의 현실이 아닌 환상이지만, 이룰 수 없는 로망은 아니기에 바로 그 환상에 이끌려서 때로는 저질러버리고 때로는 도전을 해보는 것. 수많은 기회와 가능성을 저마다 꿈꾸면서 감정을 이입하고 몰입해 들어갈 수 있는 '손에 잡힐 듯한 환상'. 나영석에게 대중은 멀리 있는 개념적 소비자가 아니라 마주 앉아 함께 대화할 수 있는 존재다. 그래서 〈서진이네 2〉는 가장 시의적인 대중적 감성을 영리하게 끌어안는다.

이를테면, 〈서진이네 2〉는 〈윤식당〉(2017, 2018), 〈윤스테이〉(2021)가 견지하던 힐링 감성을 벗어던지고 '연예인 생고생 리얼 버라이어티' 같은 감성으로 무장한다. 일찍이 2010년대 중반 이후 팍팍한 현실을 벗어나고 싶던 대중을 타겟으로 한 힐링 예능이 득세했던 바 있다. 킨포크 라이프 스타일을 표방했던 나영석 PD의 〈삼시세끼(정선 편)〉가 이 분야를 개척한 예능이었다고 할 수 있는데, 이후 여러 방송사에서 '탈도심', '힐링'의 콘셉트가 가미된 기획을 내놓으면서 한때 '힐링 예능 트렌드'가 만들어졌다. 그러나 이렇게 범람하던 힐링 예능은 2020년대 이후 플라시보 효과라는 비판과 국내 소비자의 염증 속에 차츰 저조한 시청률 성적표를 받아들게 됐다. 그러면서 등장한 것이 연예인이 고생하는 현장을 지켜보는 방식의 예능 서사였다. 나의 현실이 힘드니 매일 유유자적 여행이나 다니는 연예인보다는, 내가 하는 일과 비슷한 일을 하면서 나처럼 고생하는 연예인의 모습에서 더욱 진정성이 느껴진 탓일 것이다.

'서진이네 IP'가 '윤식당 IP'와 차별화되는 것이 바로 이 지점이다. '윤식당 IP'는 국민 엄마 정도의 위상을 지니는 윤여정의 감성과 이를 보조하는 '크루'의 협업으로 챙겨주고, 말을 걸고, 보태주는 힐링 감성을 내면화한 서사이자 브랜드였다. 반면 '서진이네 IP'는 '수익이 왕이다'라는 구호를 신봉하는 뉴욕대 경영학과 출신 이서진이 사장으로 나서, '직원'들을 독려하며 일일 수익을 정산하는 콘셉트의 자영업 서사이자 브랜드다. 다만 이제 막 '윤식당 IP'에서 분가한 〈서진이네〉(2023) 시즌 1이 편집 스타일이나 OST 선곡 등에서 힐링 감성을 완전히 벗지 못했다면, 〈서진이네 2〉(2024)는 편집 방향성이 리얼 버라이어티 분위기 지향으로 대폭 변경되며 본격적인 '고생 서사'를 전시한다. 〈백종원의 골목식당〉류의 예능 프로그램으로 이미 요식업에 대한 기본적 이해가 내재된 향유자들은 출연진의 이런 고생 서사에서 연예인 너머 개인으로서의 열심과 노력을 읽어내며, '내가 장사를 한다면', 혹은 '내가 방문한다면'이라는 환상을 갖고 '서진뚝배기'에 몰입해 들어가게 된다.

한편, 이러한 '고생 서사의 결과물'은 콘텐츠의 타깃이 되는 국내 · 외 시청자들에게 각기 조금씩 다른 '감당할 수 있는 환상'을 부여한다. 가령, 멀리는 〈윤식당〉(2017)부터 함께해 온 유사 가족 형태의 멤버가 요식업에 도전(해서 성공)하는 이야기가 해외의 이국적 풍광을 배경으로 전개되는 방식은 '자영업 성공기'나 '단기 체류 해외여행'이라는, 2020년대의 현대 보편 한국인이 갈구하는 꿈과 기대를 충족한다. 또 한국적인 레시피로 한국인이 만드는 정통 한식의 비주얼과 맛에 대한 느낌이 손님들의 밥상 위에서, 그리고 그들의 리액션으로 전시되는 모습은 외국인 시청자들에게 한식에 대한 대략적인 추체험을 가능토록 도와준다.

유독 두드러지는, 메타-컬처 콘텐츠로서의 예능

〈서진이네 2〉는 예능 콘텐츠이면서 '요리 예능'이라는 하위 범주로 구분할 수 있는 콘텐츠다. 그런데 이 콘텐츠는 단순한 '요리(를 하는)-예능'에 그치는 것이 아니라, 다양한 장르(혹은 미디어)적 융합을 시도한다.

우선 '한식의 세계화'류의 느낌으로 방영되었던 숱한 요리 예능과는 달리 〈윤식당〉(2017) 이후 장기간에 걸친 출연진의 호흡과 이들 간 누적된 배경 서사로 인해 극의 주된 초점이 요리가 아닌 출연진 간의 관계성에 맺힌다. 그리고 이로 인해 극 전반이 다분히 시트콤적 색채를 띠게 되면서 경쾌하면서 활달하고, 유머러스하면서도 현실적인 독특한 분위기를 연출한다.

더불어 〈서진이네 2〉는 기획 과정에서부터 글로벌화 된 작금의 K-컬처 확산 현상을 서사 진행에 적극적으로 활용한다. 예컨대 매장 '서진뚝배기'의 영업 장소로 아이슬란드 레이캬비크를 선정한 이유에 대해 나영석 PD는 '채널 십오야' 유튜브를 통해 "한국 문화와 한식이 깊숙이 침투하지 않은 곳이기에 선정했음"을 이야기하면서, 되려 (아이슬란드를 제외한) 세계 각국에 한국 문화가 확산하고 있는 현재의 분위기를 예기치 않게 노출한다. 기실 '서진이네 IP'는 글로벌 한류 현상을 적극적으로 수용하면서 그 터전 위에 요식업이라는 설정을 올려놓는 모습을 꾸준히 보여왔다.

〈서진이네〉(2023)에서는 BTS의 뷔와 〈기생충〉의 최우식이 한식과 한국 문화를 이어주는 연결고리와도 같은 역할을 수행하면서 K-팝 팬이나 K-무비 애호가 정체성을 지닌 손님들을 환대한 경험이 있다. 〈서진이네 2〉에는 비록 뷔가 군복무로 인해 출연하지 못했지만, 여전히 최우식이 '영화배우'로서 소구되는 장면이 삽입됨으로써, K-팝 신이나 한국영화계라는 이질적인 다중미디어의 '자산'(재현 이미지들)을 예능 서사 안에 융합적으로 수렴시키는 융합(Convergence) 현상을 보여준다.

'음식 판매'를 주제로 한 예능이라는 점에서도 〈서진이네 2〉는 메타-컬처 콘텐츠로서의 면모를 보여준다. 〈서진이네〉(2023)가 분식을 판매했던 것과는 달리, 〈서진이네 2〉(2024)는 꼬리곰탕, 소갈비찜, 돌솥비빔밥, 닭갈비, 육전비빔국수, 뚝배기불고기, 순두부찌개 등과 같은 정통 한식을 판매한다. 일반적으로 단일 국가의 경제력이 생존 층위를 넘어 고도성장을 맞이할 때 대두되는 것이 음식문화이며, 그러한 음식문화가 해당 국가 내에서 대중적으로 충분히 확산했을 때 가능한 것이 해외 판매다. 한편 해외의 입장에서는 해당 국가의 문화(로컬 문화)가 글로벌 규모로 확산되어 일정 규모 이상의 세계화가 이뤄졌을 때 비로소 해당 국가의 음식문화를 수용하거나 체감하기가 쉬워진다.

따라서 굳이 '한국 문화와 한식이 널리 알려지지 않은 외국'에서 '정통 한식 메뉴'를 '판매'하고 식사에 대한 반응을 살펴보는 방식의 예능이라는 것은 '고도화된 한국의 경제 여건'과 '풍부해진 한국의 문화콘텐츠', '한국 문화콘텐츠에 대한 글로벌 인지도와 관심이 담보될 정도의 글로벌 한류 현상'을 전제 또는 발판으로 삼은 메타-컬처 콘텐츠로서의 면모라고 할 수 있다.

한국 연예인들이 한식을 외국인에게 직접 만들어 판매하는 콘셉트인 〈서진이네 2〉가 그 자체로 티빙, 아마존 프라임과 같은 OTT를 통해 국내외 문화산업 시장으로 방영되는 예능, 즉 발신형 콘텐츠라는 점을 생각해 보면 다음과 같은 해석도 가능하겠다. 한식 판매라는 문화의 직접 전파 현장을 기록한 예능을 플랫폼 미디어를 통해 방영하면서 간접 전파의 결과로 이어지는, 말하자면 문화의 메타-전파로서의 속성을 〈서진이네 2〉가 갖고 있다는 것이다.

더구나 앞서 지적한 것처럼 〈서진이네 2〉는 요리 예능을 표방하는 듯도 하지만 실은 출연진 간의 인간관계와 케미스트리에 더욱 초점을 맞춘다는 점에서 '스토리를 통한 한식 홍보의 가능성'을 증명하는 프로그램이라고도 할 수 있겠다.

PART 2

이방인, 주체적 상상, 혼종성

천원징*

2013년, 여행 리얼리티 프로그램 〈꽃보다 할배〉가 다시 한번 흥행 신화를 썼다. 이를 계기로 나영석 PD의 예능 무대가 KBS에서 tvN으로 옮겨졌다. 이는 그의 프로그램이 한국을 넘어 세계로 발돋움하는 계기가 되었다. 이후 나영석 사단은 〈꽃보다 누나〉, 〈신서유기〉, 〈윤식당〉, 〈스페인 하숙〉, 〈서진이네〉 등 다양한 프로그램을 유럽, 남미, 아시아 등 여러 나라와 지역에서 촬영했으며, 독특한 '나PD식' 프로그램 콘텐츠를 탄생시켰다. 이러한 나영석 사단의 창의성은 한국 민족 문화의 정체성, 그러니까 세계화의 물결 속에서 지닌 유동성, 주체성, 복잡성을 보여주고 있다. 그중 2024년에 방영된 식당 경영 리얼리티 프로그램 〈서진이네 2〉는 위와 같은 특징을 강력하게 설명하는 예시로서

* Wenjing Chen, 후베이대학교 언론 및 커뮤니케이션학과 전임강사.

톺아보는 것이 가능하다.

'그 속에, 또는 그 밖에' 있는 '이방인'

나영석 PD가 KBS 재직 시절 제작한 '야생 예능' 〈1박 2일〉에서부터 tvN 시기의 '느린 예능' 〈꽃보다〉 시리즈, 〈윤식당〉 시리즈, 〈신서유기〉 시리즈까지, 나영석 사단은 항상 '이방인'이라는 캐릭터를 선호했다. 그들은 다양한 지역을 여행하며 각기 다른 문화와 풍경을 경험하고 다양한 사람들과 교류하는 과정을 카메라 속에 담는다.

사실 '이방인'이라는 이미지는 현대사회의 필연적인 산물이다. 현대성의 발전에 따라 인류 사회의 유동성이 증가했고, 관광객·유학생·이민자·난민 등의 집단이 지그문트 바우만(Zygmunt Bauman)의 '유동적 현대성'에서 말하는 것처럼 빠질 수 없는 구성 요소로 자리 잡았다고 볼 수 있다. 시카고학파의 대표 인물 짐멜(Simmel)은 「이방인(The Stranger)」에서 '이방인'을 특정된 공간을 벗어난 방랑과 특정된 공간에 머무는 고착 사이의 대립물[1]로 본다. 이방인은 본래 그 공간에 속하지 않았으나, 그곳에 없거나 생길 수 없는 물질을 가지고 그곳으로 들어오는 존재다. 그는 방랑자(wanderer)이기도 하며, 그에게서는 가까움과 멂, 무관

1 G. Simmel, "The stranger," *The cultural geography reader*, Routledge, 2008, pp. 323-327.

심과 적극적인 관여가 동시에 나타난다.

짐멜의 이방인 이미지는 처음에 상인의 이미지와 결합되었다. 그는 경제 역사의 각 단계에서 이방인이 곳곳에서 상인의 역할을 맡았으며, 상인 역시 이방인이라고 말했다.[2] 공교롭게도 〈윤식당〉 시리즈, 〈서진이네〉 시리즈, 〈스페인 하숙〉은 각각 식당과 하숙집을 운영하는 형식으로, 인도네시아, 스페인, 멕시코, 아이슬란드에서 '장사'를 하며 상인의 역할을 했다. 멀리서 와서 곳곳을 돌아다니는 나영석 사단이 바로 '방랑자'이자 '이방인'인 것이다.

몸은 내부에, 마음은 외부에 있는 모순적 존재로서 이방인과 현지인의 사이는 감정을 기반으로 한 안정적인 연결이 아닌, 일종의 기능적 관계로서 형성된다. 〈서진이네 2〉에서 현지인과 관광객은 한국 음식과 한류 스타에 대해 큰 관심을 보인다. 따라서 제작진은 의도적으로 다양한 손님의 재미있는 반응을 열심히 일하는 스타들의 모습과 교차로 편집해 따뜻하고 훈훈한 장면을 위주로 영상에 담아낸다. 그러나 끝없이 몰아치는 손님과 바쁜 출연진들 간의 교류가 매우 단편적이고 제한적이라는 점은 사실이다. 그러므로 연예인과 손님 사이의 상호작용을 볼 수는 있지만, 이러한 교류는 억제되고 거리감이 있으며 진정으로 누군가의 이야기나 속마음까지 들어서기는 어렵다. 그러므로 〈서

2 G. Simmel, *Sociologie: étude sur les formes de la socialisation*, Presses Universitaires de France, 1999.

진이네 2〉는 감동이나 공감을 끌어내는 정신적인 핵심이 부족하다는 아쉬움을 가진다. 뿌리 없는 이방인은 '내부에 있지만 또 외부에 존재하는' 일종의 독특한 정신적 본질을 가지고 있다. 그들은 자유로운 이동의 권리를 누리지만, 한편으로는 감정의 공허나 정신적 상실을 느낄 수 있다.

타자 상상과 자아 구축

푸코의 권력 이론과 보드리야르의 시뮬라크르 개념은 포스트모더니즘 맥락에서 영상과 권력 사이에 얽힌 복잡한 현상을 파생한 바 있다. 이러한 현상은 현대 매체가 이국적인 이미지를 형성하는 과정에서 뚜렷하게 드러난다. 서구사회에서 한국은 오랫동안 정치, 경제적 측면에서 '타자'의 지위에 처해 있고, 서구 미디어는 '오리엔탈리즘'의 시각에서 한국을 조명하고 형상화하는 것을 선호했다. 미국 드라마 〈투 브로크 걸즈(2 Broke Girls)〉에 등장하는 '한 리(Han Lee)'라는 한국계 식당 주인 캐릭터가 그 예다. 한 리는 희화화와 경멸이 담긴 고정관념적인 캐릭터로 표현되는데 이는 서구사회의 자기중심적 사고, 한국을 포함한 아시아 국가를 자아와 타자, 본토와 이국 관계로 분리하는 인식을 보여준다. 서구사회와의 대비 속에서 한국사회 또한 오랜 기간 수동적 '타자화'를 받아들이며 '셀프-오리엔탈리즘(self-orientalize)'

의 태도로 서구와 자신을 묘사해 왔다.

새로운 세기에 들어서며 한국은 세계적으로 중요한 경제국이 되었다. 특히 한국 문화산업의 눈부신 발전에 힘입어 한국사회의 민족 자긍심과 주체성이 크게 상승하였다. 최근 30년간 '한류'는 국내에서 아시아로, 더 나아가 세계로 진출하며 비약적인 발전을 이루었다. 문화 소프트파워에 힘입어 한국의 국가 이미지는 크게 향상되었고, 전례 없는 국제무대와 발언권을 갖게 되었다. 이러한 새로운 역사적 문맥 속에서 한국 대중문화 또한 새로운 주객 관계를 바탕으로 새로운 타자를 상상하고 자아를 구축하기 시작했다.

〈서진이네 2〉에서 한류 스타와 한식은 '이방인'의 신분으로 타인의 영역으로 들어선다. 현실 사회에서 그들은 '타자'다. 하지만 '미디어화된 현실' 즉, 프로그램 속에서 우리는 주체로서의 한국 제작진과 '타자'로서의 현지 주민과 관광객을 접하게 된다. 화려한 한류 스타, 엄격한 식당 내 규칙(예약, 웨이팅 등), 사방에 설치된 카메라 등은 제작진(주체)이 손님(타자)을 통제하고 '응시(gaze)'할 수 있는 권력 공간을 형성한다. 이 특수한 공간 속에서 아이슬란드 현지인과 외부 관광객이 한류 스타를 향해 열광하고 한국 음식을 극찬하는 모습이 카메라에 포착된다. 나아가 후반 편집 작업을 거쳐 영상으로 표현되어 '응시'의 대상이 된다. 이를 바탕으로 본인의 주체성이 형성된다. 이러한 '보는' 것과 '보이는' 과정에는 은밀하게 주체와 타자 간의 권력관계가 숨겨져 있다. 해당 프로그램에서 우리는 주체로서 존재하는 한국과 오리엔탈리즘에 맞서는 문화적 상상을 확인할 수 있다.

문화적 혼잡

〈1박 2일〉, 〈삼시세끼〉 등의 '순수 한국형' 프로그램과 달리 〈서진이네 2〉는 글로벌하고 모던한 이미지가 강하게 드러난다. 한국 제작진, 아이슬란드에서의 촬영, 북유럽풍 인테리어, 영어 대사와 자막, 전 세계에서 온 손님 등 다양한 요소들이 모여 강렬한 콜라보, 패러디, 그리고 이질감이 느껴지는 포스트모더니즘 문화 작품을 만들어냈다.

한국 대중문화의 혼종성은 한국사회의 세계화 과정에 뿌리를 두고 있다. 1994년 한국은 국가 발전 전략으로 '세계화'를 채택했다. 국가가 주도하는 세계화 정책 속에서 한국 문화계는 '자신만의 독특한 문화와 전통적 가치를 바탕으로 세계로 나가기'[3]가 필요했다. 세계화의 물결 속에서 한국 드라마, K-팝, 예능 프로그램 등 대중문화콘텐츠는 '글로벌 이동성'을 이뤄냈으며, 동시에 여러 국가(특히 서구)의 이질적 문화와 충돌을 받아들였다. 서구가 주도하는 글로벌 대중문화의 영향 속에서 한국의 문화콘

3 Young-Sam Kim, *Korea's Reform and Globalization: President Kim Young Sam Prepares the Nation for the Challenges of the 21st Century*, Korean Overseas Information Service, 1996.

텐츠는 다양한 문화적 특성을 새롭게 창의적으로 조합하며 혼종적인 문화상품, 즉 '탈정치화'된 문화상품을 만들어냈다. 나영석 사단의 tvN 시기 작품 대부분에서 동서양 문화의 혼합과 병치가 특징으로 드러난다.

이러한 현상은 서구 오리지널 콘텐츠의 단순 복제가 아닐뿐더러, 한국 문화의 상실을 의미하지도 않는다. 이는 동질화와 이질화, 초국가적이고 다방향적인 흐름 등과 같은 문제들의 부산물이다. 이러한 국제화 특성을 통해 한국은 경제적으로 선진적이며, 문화적으로 현대적인 국가 이미지를 세계에 선보였다.

PART 1

한국 게임산업의 미래를 보여준 〈스텔라 블레이드〉

이승제

PART 2

한국 싱글 플레이어 게임의 보석

리처드 시그레이브

[게임]

스텔라 블레이드

액션 어드벤처 게임인 〈스텔라 블레이드〉는 출시 전부터 높은 퀄리티의 액션, 캐릭터 완성도와 움직임을 보여주는 데모가 유출되며 유저들의 관심을 집중시켰다. 플랫폼은 원래 PC 등으로 계획했으나, 유통을 소니가 독점하면서 한국 게임 중 최초의 플레이스테이션 독점작이자 유통 게임이 되었다. 2024년 말 현재 한글판은 77,000원의 가격에 판매되고 있으며, 방대한 스토리와 매력적인 캐릭터, 뛰어난 그래픽과 사운드, 다양한 전투 시스템을 갖춘 게임으로 호평받고 있다.

- 제작 · 배급 : 시프트업
- 등장인물 : 이브, 아담, 릴리 등
- 정식 출시일 : 2024년 4월 26일
- 장르 : 액션 어드벤처, 액션 RPG

PART 1

한국 게임산업의 미래를 보여준 〈스텔라 블레이드〉

이승제*

한국 게임산업은 그동안 해외의 모바일· 온라인 게임 시장을 중점적으로 공략해 왔다. 이 전략은 꽤 유효해서 게임이 한국 콘텐츠 중 수출 규모 1위 산업으로 등극할 수 있었던 원동력이 되기도 했다. 그러나 이러한 행보에도 불구하고 아쉬운 점이 없는 것은 아니었다. 한국 게임이 콘솔, PC 시장 분야에선 이렇다 할 성적을 내지 못하는 것도 사실이었고, 일부 국가에서의 흥행이 아닌 세계적인 흥행작 소위 '국산 명작'이 없다는 것도 게이머들에겐 못내 아쉬운 대목이었다. 특히 K-드라마, K-영화, K-팝 등 다른 분야의 문화콘텐츠들이 오늘날 세계 콘텐츠 시장을 선도하고 있음을 감안한다면 그 빈자리는 더욱 크게 느껴질 수밖에 없었다. 이러한 갈증 속에서 2023년은 한국 게임도 세계 게

* 건국대학교 문화콘텐츠·커뮤니케이션학과 BK21Four 박사후 연구원.

임 시장에 성공할 수 있음을 보여준 의미 있는 한 해였다. 〈데이브 더 다이버(Dave the Diver)〉와 〈P의 거짓〉 같은 국산 게임들이 해외 게임 시장에서 좋은 성적을 거뒀을 뿐만 아니라 유저 평가와 해외 평단으로부터도 찬사를 받았기 때문이다.

2024년도 작년의 기세를 이어받아 작년만큼 다양한 국산 게임들이 세계 시장의 문을 두드렸다. 어느 정도 결실의 윤곽이 그려지고 있는 현재, 올 한 해를 요약하자면 '장기전을 위한 숨 고르기'라고 할 수 있다. 아쉬운 점도 있었으나 결실도 있었고 무엇보다 내일을 기대하게 만드는 작품도 많았다. 몇몇 작품들은 확실히 성공적이었다. 예를 들어 2024년 중순에 중국 시장에 진출한 〈던전앤파이터 모바일〉은 글로벌 모바일 게임계의 강자인 '호요버스'의 게임들을 제쳤을 뿐만 아니라 중국 시장 부동의 1위라 불렸던 〈아너 오브 킹즈(Honor of Kings)〉와 대등한 경쟁을 펼치고 있다. 매출로 볼 때 이견이 없는 대단한 성공을 이루었지만, 글로벌 한류라는 관점에서 본다면 중국 시장에 한정된 성공은 다소 아쉬운 성과다.

넥슨의 신작 〈퍼스트 디센던트〉도 최신 언리얼 엔진으로 만든 수려한 그래픽과 서구권에서 큰 사랑을 받는 롤플레잉 게임 요소가 적용된 루트슈터 장르라는 이점을 앞세워 대담하게 글로벌 서비스를 시작했다. 그러나 인기 장르를 채택했다는 것은 곧 해당 장르의 명작들과의 비교를 피할 수 없다는 뜻이기도 했으며 동시에 수준 높은 글로벌 게이머들의 수요를 충족시켜야 한다는 의미이기도 했다. 〈퍼스트 디센던트〉의 출발 기록은 객관적으로 훌륭한 편이었다. 그러나 글로벌 라이브 서비스 노하우의 부족과 차별화 포인트가 결여되어 있었기에 한류 게임으로서 장기 성장하는 데 발목을 잡히고 말았다. 다만 최근 개발사가 대형 업데이트를 기점 삼아 문제를 개선하고 도약하려는 의지를 피력하고 있는 만큼 낙관적으로 좀 더 상황을 지켜볼 필요가 있다.

2024년 4월 글로벌 게임 시장에 유난히 많은 관심을 불러일으킨 게임이 출시되었으니 바로 〈스텔라 블레이드(Stellar Blade)〉(2024)이다. 게임 일러스트레이터 출신인 김형태가 이끄는 '시프트업'이 개발한 게임으로, 글로벌 게임 시장의 큰손이라 할 수 있는 소니(Sony Interactive Entertainment)의 투자를 받아 플레이스테이션 5 독점작으로 출시되었다. 언리얼 4를 활용해 만들어진 이 게임은 그래픽 기술과 캐릭터 디자인 그리고 전투 부분에서 호평받았으며, 수익적 측면에서도 큰 성공을 거둬 현재 글로벌 판매량이 약 100만 장을 돌파했다.

〈스텔라 블레이드〉는 개발사 스스로가 잘할 수 있는 것이 무엇인지 잘 파악하고 특기를 충분히 발휘한 게임이다. 스타일리시한 전투를 비롯한 몇몇 부분은 콘솔 시장에 첫발을 내디딘 도전작이라고 믿기 어려울 정도로 뛰어났으며, 특히 풍부한 캐릭터 의상과 디테일은 집착이 아닐까 싶을 정도로 장인정신이 느껴졌다. 청각적 완성도 또한 뛰어났으며 특히 일부 보스 전투에서 흘러나오는 〈스텔라 블레이드〉의 오케스트라 배경음악은 〈니어〉나 〈다크소울〉 시리즈를 연상케 할 만큼 빼어났다. 반면 캐릭터의 개성 표현이나 스토리, 몇몇 움직임 등은 아쉬운 점이 있었다. 본격적인 분석에 들어가기에 앞서 먼저 〈스텔라 블레이드〉를 둘러싸고 일어난 두 가지 논란을 간략히 짚고 넘어가고자 한다. 이러한 작업이 〈스텔라 블레이드〉에 대한 해외 평단의 반응이 왜 이토록 상반되는지, 왜 평단과 이용자 평가의 반응이 극명하게 나뉘는지 이해하는 데 도움을 줄 수 있기 때문이다.

〈스텔라 블레이드〉를 둘러싼 두 가지 논란

❶ 미형 캐릭터를 향한 엇갈린 시선

첫 번째 이슈는 작품 출시 초기에 발생했던 캐릭터의 선정성, 정확히는 이상적인 비율의 캐릭터를 가진 소위 '미형 캐릭터'에 관한 논란이다. 사실 이는 〈스텔라 블레이드〉가 미소녀 게임 제작에 일가견이 있는 시프트업의 작품이라는 점에서 어느 정도 예고된 일이기도 했다. 그러나 〈스텔라 블레이드〉를 둘러싼 논란은 모두의 예상보다 더 뜨거웠다. 문제의 시발점은 몇몇 해외 평단에서 게임 캐릭터의 선정성을 비판하며 다소 부적절한 표현을 사용한 것이었다. 일부 비평가와 기자는 문제를 냉정하게 지적하는 것을 넘어 디자이너에 대한 인신공격을 섞어가며 신랄하게 비판했고, 이는 많은 게이머에게 큰 반발을 불러일으켰다. 그리고 '게임과 정치적 올바름'에 관한 몇 가지 논쟁이 오간 끝에 결국 잡지사가 일부 표현을 수정함으로써 논쟁은 어느 정도 수습되었으나, 이 사건은 많은 게이머에게 깊게 각인되었다. 결과적으론 〈스텔라 블레이드〉 출시 흥행과 평가에도 적지 않은 영향을 미치게 되었다. 예컨대 일부 평론가는 해당 게임이 완성도에 비해 고평가받고 있다고 진단하며, 그 원인을 정치적 올바름을 거부하는 사람들이 〈스텔라 블레이드〉의 성공을 스스로의 승리로 여기며 지지하기 때문이라고 평가하였다. 반면 일각에선 혹평에 가까운 일부 리뷰가 공정하지 않으며, 미소녀 캐릭터에 대한 감정적 반응이 섞여 있다고 주장하기도 한다. 이러한 논란은 해당 게임을 향한 양극단의 평가를 조심스럽게 살펴봐야 하는 이유이다.

논쟁에 완벽한 정답이란 있을 수 없다. 다만 오늘날 콘텐츠산업은 이와 관련된 의견과 대안을 모두 테이블 위에 올려두고 담론을 형성해 나가는 과도기이다. 해당 논쟁은 분명 자세히 들여다볼 가치가 있지만 본문의 목적과는 상이하기에, 본문에서는 캐릭터의 미형과 관련된 논의는 최대한 중립적으로 다루고자 한다. 성적 대상화의 우려에 대해서도 특별히 언급하지 않겠지만, 동시에 캐릭터의 조형적 측면에 대해서도 특별히 고평가하지 않을 것이다.

❷ 니어(Nier)의 망령? 득과 실

작품 전반에서 진하게 느껴지는 건 2017년 출시 인기작 〈니어: 오토마타(NieR:Automata)〉(이하 '니어')와의 짙은 연관성이다. 좀 더 정확히 말하면 〈스텔라 블레이드〉는 전투나 미학 등 여러 측면에서 〈호라이즌(Horizon)〉 시리즈, 〈베요네타(Bayonetta)〉 시리즈, 〈세키로(Sekiro: Shadows Die Twice)〉와 같은 해외 작품들을 참고하고 있으나, 확실히 게임 정체성의 근간에 모티브를 제공한 것은 〈니어〉 시리즈로 보인다. 굳이 개발자 인터뷰를 참조하지 않더라도, 해당 작품을 인상 깊게 플레이한 게이머라면 〈스텔라 블레이드〉가 구태여 오마주를 숨길 생각이 없음을 금방 눈치챌 수 있을 정도다. 상업적 관점에서 본다면, 해외콘솔 시장 첫 출시라는 부담을 안고 있는 시프트업에게 소비자층이 겹치는 〈니어〉의 후광에 기대는 것은 리스크를 줄이는 안정적인 전략으로 여겨졌을지도 모른다.

문제는 오마주의 농도가 꽤 짙다는 점이다. 예컨대 스토리 측면에서 오프닝의 상황이나 전개의 중요한 분기 지점과 결말부에 드러나는 사건의 내막 등 많은 요소는 확실히 〈니어〉를 떠오르게 한다. 이는 분명 오해를 불러일으킬 수 있는 요소이며, 실제 해외 평단뿐만 아니라 많은 게이머가 〈스텔라 블레이드〉를 평가하며 〈니어〉를 언급하고 있다. 예를 들어 일부는 〈니어〉로부터 더 나아가지 못한 몰개성한 게임이라고 신랄하게 비판하고, 또 다른 일부는 〈니어〉의 테마를 가져왔음에도 차별화되지 못해 다소 밋밋하다고 아쉽다고 이야기한다. 심지어 해당 게임을 칭찬하는 리뷰조차 〈니어〉를 현대적인 입맛에 맞게 재해석한 게임이라고 평가하기도 한다.

필자는 〈니어〉 시리즈를 모두 플레이했기에 〈스텔라 블레이드〉에서 오마주 요소를 확실하게 느낄 수 있었다. 그러나 그것이 〈스텔라 블레이드〉가 불만족스럽다는 의미는 아니다. 오히려 몇몇 부분은 〈니어〉보다 훨씬 진일보한 부분도 있다. 개발진도 오마주 논란에 〈니어〉와의 콜라보를 통해 정면돌파를 선택하였다. 따라서 본고도 〈스텔라 블레이드〉는 〈니어〉와 완전히 다른 독립적인 작품이라는 견해를 유지하되, 〈니어〉의 영감을 강하게 받았다고 생각되는 부분만을 짧게 언급하고자 한다.

차세대 콘솔의 명성에 걸맞은 액션게임, 〈스텔라 블레이드〉의 매력

❶ 사골국이 아닌 MSG도 좋은 답

〈스텔라 블레이드〉는 괴물의 갑작스러운 등장으로 인해 붕괴한 인류 문명을 배경으로 하고 있다. 어느 날 갑자기 나타나 지구의 새로운 주인이 된 괴물 '네이티브(Naytiba)'들을 피해 인류는 신적 존재로 묘사되는 '마더스피어'의 지도로 우주 식민기지로 도망치는 것에 성공했고, 인간들은 지구 수복을 위한 긴 싸움을 벌이고 있는 것으로 설정하고 있다. 그리고 〈스텔라 블레이드〉의 이야기는 '제7강하부대' 소속 '이브'가 강력한 괴물 개체인 '알파 네이티브'와 그들의 우두머리 '엘더 네이티브'를 해치우라는 임무를 안고 동료와 함께 지구에 파견되면서 시작된다. 〈니어〉의 오프닝을 연상케 하는 강하 오프닝 장면은 군더더기 없이 함축적으로 상황을 잘 전달한다. 이 과정에서 나타나는 몇몇 장면은 차후 전개될 〈스텔라 블레이드〉의 스토리텔링 전략에 관한 중요한 단서를 제공한다. 예컨대 강력한 적들에게 보병 무리가 의미 없는 돌격을 감행하거나 우주를 향해 대공포를 토해내는 거대한 생체병기가 비치는 구도는 〈스타십 트루퍼스(Starship Troopers)〉(1997)의 글렌타투 행성 침공 장면을 떠올리게 한다. 〈스텔라 블레이드〉의 스토리는 반전 요소가 존재함에도 다소 전개 과정을 (특히 〈니어〉를 알고 있다면) 쉽게 예측할 수 있다. 개발사는 SF 고전과 명작 게임을 떠올리게 만드는 연출을 적극적으로 활용하여 극적 긴장감의 손실을 만회한다. 또 한 가지 특징은 액션 컷신의 퀄리티다. 사실 〈스텔라 블레이드〉에 등장하는 정적인 컷신과 스토리 진행은 특별하지는 않다. 그러나 동적인 액션이 포함된 컷신은 게임이 어떤 재미를 표방하는지를 선언하듯 엄청난 완성도를 지니고 있다. 특히 공중 액션이 가미된 컷신은 자칫 플레이어의 시각적 피로만 유발하고 산만해 보이기 쉬운데, 〈스텔라 블레이드〉는 잘 만들어진 '무협' 액션처럼 과감하면서도 안정적으로 활용하고 있다. 결과적으로 〈스텔라 블레이드〉는 독창적인 서사적 재미보다 오마주한 작품들이 남겨놓은 굵직한 서사(Story)를 따라가되 자신들이 잘 소화할 수 있는 방식으로 보여주는(Telling) 전략을 채택한 게임이다.

다만 그러한 점을 감안해도 이야기의 핵심적인 설정과 반전 요소들이 기존 작품들과 겹치는 것은 상당히 아쉽다. 때문에 SF에 능통한 플레이어는 인류와 네이티브에 얽힌 진실, 이브와 아담의 정체, 심지어 '마더스피어'와 '콜로니'의 진실까지도 어렵지 않게 예측할 수 있다. 하물며 굳이 오마주 작품을 경유하지 않더라도 몇몇 반전 요소는 아이템이나 환경 스토리텔링에 의해 쉽게 탄로 난다. 또한 포스트휴먼이라는 소재가 가진 잠재력을 감안한다면 스토리텔링 과정에서 드러나는 감정적 깊이와 철학적 메시지도 다소 단조롭다는 인상을 받는다. 이는 〈스텔라 블레이드〉 캐릭터들의 개성이 뚜렷하지 않고 깊이를 드러내는 묘사가 다소 부족하기 때문이다. 예컨대 주인공 '이브'의 캐릭터 모델링과 텍스처는 훌륭하지만 아이러니하게도 '이브' 자체의 개성은 그렇지 않다. 물론 포스트휴먼 캐릭터의 감정 묘사가 쉽지 않기에 개성을 어필하기는 어렵다. 그러나 그것이 캐릭터를 평면적으로 구성하는 걸 정당화하는 이유가 될 수는 없다. '코타나', '쇼단', '글라도스', '2B' 등 수많은 게임 속 포스트휴먼 캐릭터들이 자신만의 방식으로 매력을 드러내거나 오히려 포스트휴먼이기에 가능한 방법으로 개성을 어필한 바 있기 때문이다.

물론 이러한 노력이 아예 없다고 할 수는 없다. 실제로 이브는 스토리에 따라 조금씩 감정이 풍부해지며 일부 서브 퀘스트와 이벤트는 그 과정을 어느 정도 묘사하고 있다. 그러나 전반적으로 이브의 개성이 부족하다고 느껴지는 까닭은 주인공을 뒷받침해 줄 핵심 조연들의 매력이 부족하기 때문이다. 가령 아담은 사건의 진실 가운데 놓여 있는 동시에 '원죄'라 불릴 법한 어두운 비밀을 갖고 있는 캐릭터이다. 설정상 이브에게 죄책감과 희망이 뒤섞인 복잡한 감정을 느껴야만 하는 캐릭터이기도 하다. 그러나 구원자이자 파괴자요, 동시에 속죄를 원하는 고행자이기도 한 '아담'의 특별함과 복잡한 속내를 묘사할 장면이 너무나도 부족하다. 중요한 순간에 아담은 이브(곧 플레이어)와 소통하기보다 혼잣말을 중얼거리거나 임무를 진행하는 것을 택하면서 교감의 기회를 잃어버리고 만다. 만약 아담과 이브에게 '인간적인' 인연을 쌓을 기회가 더 있었다면, 아담과 이브 사이의 운명을 결정지을 최종장의 무게감이 더욱 확연히 드러날 수 있었을 것이다.

그렇다고 〈스텔라 블레이드〉의 모든 캐릭터가 단조롭지는 않다. 오히려 '엔야'와 '수'와 같은 단역 캐릭터의 이야기는 게임의 테마와도 잘 어우러지며 게임을 흥미롭게 만든다. 다소 뻔할 수 있는 내용이지만 플레이어로 하여금 두 인물의 운명이 지속적으로 궁금하도록 한다. 〈스텔라 블레이드〉가 낳은 최고의 캐릭터는 '오르칼'과 '레이븐'이라고 할 수 있다. 플레이어에게 여러 생각거리를 던질 뿐만 아니라 인물에 대해서 깊이 고민하도록 하기 때문이다. 굴곡진 인생 이야기는 흥미로웠고, 포스트휴먼으로서의 정체성과 선택 그리고 각자 최후에 이르는 과정이 상반된다는 점도 매력적이다.

❷ 퍼즐과 모험이 있는 탐험

〈스텔라 블레이드〉는 인류 문명이 붕괴된 지구를 묘사하는 것에 많은 공을 들인다. 〈니어〉의 사막 횡단 구간에서 영감을 받은 듯한 '대사막'은 황폐해진 지구를 효과적으로 드러내고 있으며, 생존자들의 도시인 자이온은 SF의 시각에서 재해석된 듯한 홍콩의 구시가지 혹은 구룡성채를 떠올리게 한다. 이 외에도 〈스텔라 블레이드〉의 다양한 공간에서 유명 SF 게임의 흔적을 어렵지 않게 찾아볼 수 있다. 예를 들어 기록보관소는 〈더 스탠리 패러블〉의 특정 스테이지를 떠올리게 하는데, 각각의 공간이 '진실과 은폐'가 복잡하게 교차하는 상징적 공간이라는 점을 고려한다면 꽤 의미심장한 요소다.

〈스텔라 블레이드〉의 공간은 캔, 낚시와 같은 소집 요소를 포함해 다양한 탐험 및 퍼즐 요소를 갖추고 있다. 사실 이러한 구성은 해외의 대형 액션 어드벤처 게임이라면 대부분 갖추고 있는 요소로, 냉정히 이야기하자면 다른 게임에 비해 특별히 흥미롭거나 대단히 많은 볼륨을 가지고 있진 않았다. 그러나 시프트업이 콘솔 게임 시장 첫 도전자라는 점을 감안한다면 공간의 복잡성과 탐험 요소에 이토록 많은 신경을 쓴 것은 분명 기대 이상이다. 특히 캔을 획득하면서 출력되는 코믹한 효과음과 동작은 유쾌했고, 실내낚시터나 사막의 오아시스에서 청새치나 백상아리가 잡히는 재미있는 연출도 분위기 환기에 큰 도움이 된다.

또한 일련의 모험이 부드럽게 연계된다는 점도 인상 깊은 지점이다. 이는 〈스텔라 블레이드〉 속 대다수 공간이 선형적인 형태로 구성된 것과도 관련이 있다. 이로써 플레이어는 자유롭게 세계를 누빌 권한을 일부분 상실하지만 동시에 드넓은 공간을 헤맬 걱정 없이 공간을 탐험할 수 있게 된다. 그리고 이러한 공간 구성은 감각적 경험에 초점을 맞춘 〈스텔라 블레이드〉의 전체적인 전략을 훌륭하게 뒷받침하는 방식이기도 하다. 말하자면 〈스텔라 블레이드〉는 거점과 다른 거점 사이를 오가는 과정을 단순화함으로써 서사적 긴장감이 느슨해질 여지를 최소화하는 것이다. 이러한 압축적 공간 활용은 거점을 오가는 여정조차도 이벤트가 될 수 있는 '서사적 밀도가 높은 게임'에겐 분명 아쉬운 요소일 것이다. 그러나 상대적으로 액션에 포인트가 맞춰진 〈스텔라 블레이드〉에게는 '잘 맞는 옷'이다. 유사한 맥락에서 소울라이크 장르에서 으레 찾아볼 수 있는 체크포인트 기능 또한 적합한 요소다. 요컨대 〈스텔라 블레이드〉는 캠프에서 휴식을 취할 때마다 게임 진행 상태는 저장되지만, 해치운 적들이 되살아나는 시스템을 채택하고 있다. 이러한 시스템은 플레이어에게 '정복되지 않는 공간'을 상정하게 만듦으로써 신중한 저장을 강요하고 공간의 긴장감을 유지하는 효과를 갖는다. 말하자면 〈스텔라 블레이드〉는 서사를 전개할 땐 공간을 압축하고, 액션 탐험 단계에서는 공간에 활기를 불어넣는 투트랙 전략을 구사하는 것이다.

〈스텔라 블레이드〉의 꽃 : 전투 메커니즘

〈스텔라 블레이드〉의 가장 빛나는 부분은 바로 '전투'이다. 비주얼과 액션 쾌감을 핵심적인 재미 요소로 타깃팅 했다는 것이 단번에 느껴질 만큼 정교하고 또 특별하다. 〈스텔라 블레이드〉의 전투는 호쾌한 액션이 주가 되는 '베요네타'식 스타일과 패링(Parrying, 적의 공격을 타이밍에 맞게 쳐내는 행동)이 중심이 되는 '세키로' 그리고 때로 신중한 거리감을 요구하는 '다크소울' 스타일이 어설프지 않게 공존하고 있으며, 심지어 게임이 종료되는 시점까지 안정적으로 잘 작동한다. 예컨대 〈스텔라 블레이드〉의 쉽고 직관적인 콤보 시스템은 버튼을 난타하는 액션 초보들도 만족스럽게 전투를 즐길 수 있게 만들어주는 요소다. 그러나 〈스텔라 블레이드〉가 버튼만 연타한다고 문제가 해결되는 소위 '무쌍류' 게임은 아니다. 일부 적은 특수 회피인 '블링크'를 강요하는 특수한 패턴을 갖고 있으며, 대부분의 강력한 개체는 효과적인 전투 진행을 위해 '패링'을 해야만 한다. 그러나 패링이나 닷지(Dodge)와 같은 특수한 행동이 항상 수동적인 측면에서 플레이어에게 강요되는 것만은 아니다. 이러한 액션 행동에 성공할 때마다 플레이어는 강력한 기술을 사용할 수 있는 특수 게이지를 쌓을 수 있으며 이는 위협적인 적을 공략하기 위한 핵심적인 요소 중 하나로 작동한다. 특히 '퍼니싱 엣지', '템페스트'와 같은 특수 공격 액션들은 단순히 강하다는 이점 외에도 멋진 파티클과 카메라 워크 그리고 타격감을 보장하는 적절한 사운드 활용 등으로 시청각적인 만족도를 높인다. 이는 플레이어가 자발적으로 상황에 맞는 전투 방식을 발견하고 선택하도록 만드는 키 포인트이다. 예컨대 플레이어는 일반적인 적을 상대할 때는 콤보 액션을, 위협적인 상대할 때는 패링과 닷지를 위시한 신중한 전투를 진행할 수 있었으며 또 오로지 멋진 기술을 감상하거나 자신의 컨트롤을 숙달하기 위해 특정한 전투 방식을 채택할 수도 있다.

이 외에도 근접 액션 전투에서 드론 액션으로 전투 메커니즘이 극적으로 변화하는 구간이 있는데 호불호가 있는 연출인 만큼 리스크가 있으나, 서사적으로 충분히 설득력이 있었고 게임의 분위기 환기 측면에서도 성공적이었다. 결과적으로 플레이어가 자신의 숙달 정도에 맞춰 액션을 유기적으로 전환하며 사용할 수 있도록 만든 〈스텔라 블레이드〉의 도전은 일견 과감해 보였으나 동시에 근거 있는 영리한 선택인 셈이다.

맺음말

〈스텔라 블레이드〉는 세계 게임 시장의 문을 두드렸던 과거의 한국 게임의 유지를 잇는 동시에 미래의 한국 게임산업이 어떻게 나아갈 것인지를 보여준 뛰어난 작품이다. 특히 게임사가 스스로 가장 잘할 수 있는 부분에 집중하여 '선택과 집중'에 성공한 것이 인상 깊다. 이를 돋보이게 만들기 위해 전투 기획, 레벨 디자인 등 여러 부분에서 많은 노력을 기울이고 있다는 점을 알 수 있다. 실제로 많은 해외 플레이어와 평단들 심지어 〈스텔라 블레이드〉에 비판적인 입장을 가진 사람들조차도 콘솔 게임 분야의 첫 도전자인 '시프트업'이 기대를 훨씬 뛰어넘는 작품을 선보였다는 점엔 동의하는 상황이다. 〈스텔라 블레이드〉는 단순히 첫 도전작이기 때문에 호의적인 평가를 받은 것이 아니다. 다른 대작 게임과 견주더라도 객관적으로 잘 만들어진 부분이 분명하기에 호평을 받고 있다.

요컨대 스스로의 색깔을 찾는 것에 주력한 〈스텔라 블레이드〉의 도전과 실험은 그에 상응하는 보상을 받았다. 그리고 여러 게임쇼 등에서 공개된 바 있듯 2025년에는 한국 게임산업에서 그동안 해외 콘솔/PC 시장 진출을 위해 이를 갈고 닦은 작품들을 대거 선보일 예정이다. 앞으로 출시될 한국 게임들도 〈스텔라 블레이드〉를 비롯한 성공작들을 적절히 참고하여, 부디 좋은 성과를 이어나가길 바란다.

PART 2

한국 싱글 플레이어 게임의 보석

리처드 시그레이브*

한국의 게임 개발 및 퍼블리싱 회사 시프트업은 〈스텔라 블레이드〉 출시를 통해 기존의 틀에서 벗어났다고 해도 과언이 아니다. 김형태 디렉터가 NC소프트를 떠나 설립한 시프트업의 초창기 타이틀은 모바일 기기와 PC용으로 제작된 가챠 요소가 포함된 웹소설을 기반으로 한 롤플레잉 게임(RPG)이었다. 따라서 소니 플레이스테이션 5(PS5) 콘솔 전용으로 대규모 예산을 투자해 RPG를 개발한다고 발표했을 때, 다소 의외라는 반응이 있었다.

넓게 보면, 일반적으로 〈스텔라 블레이드〉는 한국 개발사들에겐 이례적인 프로젝트라고 할 수 있다. 서양 국가 게이머들에게 한국이 제작한 유명한 게임이 무엇인지 물어보면, 고심하다가 스마일게이트의 〈로스트아크〉나 〈크로스파이어〉, 펄어비스

* Richard Seagrave, 저널리스트, 비디오 게임 웹사이트 'GameSpew' 대표.

의 〈검은 사막 온라인〉을 떠올릴 것이다. 다시 말해, 역사적으로 한국 개발사들은 소설에 중점을 둔 온라인 게임, 가장 일반적으로 MMORPG나 경쟁 슈팅 게임에 집중하는 경향이 있다. 지난 십여 년간 모바일 게임에도 집중이 쏠렸다. 하지만 〈스텔라 블레이드〉는 앞선 카테고리 중 어느 곳에도 속하지 않는다.

예고편을 하나씩 살펴보면, 시프트업이 첫 콘솔 타이들에 대한 목표를 크게 잡고 있다는 것을 명백히 알 수 있다. 또한 〈스텔라 블레이드〉의 주인공 이브는 딱 붙는 의상으로 매력적인 피지컬을 드러내며 단번에 시선을 끈다. 소니 인터랙티브 엔터테인먼트가 직접 타이틀 퍼블리싱에 나서며 프로젝트에 대한 신뢰를 보여주었으며, 이는 옳은 선택이었다. 2024년 초 출시 직후 〈스텔라 블레이드〉는 올해 최고의 게임 중 하나로 자리매김했기 때문이다.

그런 점에서, 출시 전후 〈스텔라 블레이드〉를 둘러싼 논의가 주인공의 몸매와 의상에만 집중된 건 안타까운 일이다. 사실 시프트업과 소니 인터랙티브 엔터테인먼트의 협업은 그 이상의 가치를 지닌다. 물론, 이브는 날씬한 허리와 풍만한 가슴을 가진 전형적으로 매력적인 캐릭터로만 평가받을 수 있다. 그러나 이브의 기본 의상은 성적인 상상력을 자극할 여지가 적다. 또한 플레이를 통해 잠금 해제할 수 있는 다른 여러 의상도 순수한 시각적 매력을 드러낼 뿐이다. 물론 주요 게임 캐릭터들 대부분이 모델처럼 생긴 것은 사실이다. 그러나 맥락을 잘 살펴보면 이브가 이런 모습으로 디자인된 데에도 타당한 이유가 있다.

이제 이브의 외모 이야기에서 벗어나 보도록 하자. 〈스텔라 블레이드〉에서 플레이어는 기본 설정에 따라, 기괴한 외계 종족 네이티브로부터 멸종 위기에 처한 인류를 구하기 위해 지구로 파견된 제7강하부대 일원 이브를 조종하게 된다. 해변에 불시착하면서 순조롭지만은 않은 미션이 시작되고, 일종의 튜토리얼 역할을 하는 내륙에서의 전투 이후 상황은 점점 악화된다. 거대하고 사나운 적과 마주치며 이브의 팀원 전원이 전멸하고 절친한 동료는 불구가 되고 만다. 이브도 죽을 위기에 처한 그때, 정체불명의 영웅이 나타나며 구출된다. 얼마 지나지 않아 다시 이야기가 전개되며, 이브는 역경 속에서도 임무를 완수하려는 의지를 잃지 않는다.

약 20시간가량 진행되는 〈스텔라 블레이드〉의 스토리는 알다시피 너티 독의 역작 〈더 라스트 오브 어스〉 시리즈처럼 작은 화면에 맞춰 각색된 수준이 아니다. 플레이어는 진보라는 명목하에 기술과 인공지능을 건드리는 인류에 대한 경각심을 일깨우는 흥미로운 이야기를 마주하게 된다. 엔딩 크레딧이 올라가는 순간에는 놀라운 반전에 충격을 받을 수도 있으며, 게임 속 캐릭터들에 깊은 애착을 느껴 가슴이 울리는 기분이 들 수도 있다. 이브의 세상이 보이는 게 다가 아니라는 건 말할 필요가 없다. 또한 여러 가지의 엔딩이 있기에 게임을 끝낸 후에도 여러 번 다시 플레이할 정도로 매력적이다.

〈스텔라 블레이드〉는 스토리 자체도 재미있지만, 플레이어들이 수십 시간 동안 몰입할 수 있도록 해주는 것은 바로 화려한 액션에서 느낄 수 있는 쾌감이다. 〈스텔라 블레이드〉의 전투 방식은 소울라이크 장르와 일반적인 캐릭터 액션 게임 그사이에 해당한다. 단순히 공격 버튼을 마구 눌러 적을 모두 물리칠 수는 없지만, 적에게 공격당해 한순간에 체력의 절반 이상이 줄어들어 좌절할 일 또한 없다. 그럼에도 매 전투는 긴장감이 넘치고, 방심하는 순간 금세 상황이 역전되기도 한다. 전투에서 승리하는 비법은 적과 적의 공격을 파악하는 것이다. 붉게 빛나는 적의 공격을 능숙하게 막아내면 강력한 반격 기회를 얻게 되고 멋진 전사가 되는 기분을 느낄 수 있다. 노란색, 보라색, 파란색으로 빛나는 공격을 이용한 묘책도 있다. 결국 타이밍이 관건이다.

〈스텔라 블레이드〉의 다소 독특한 전투 시스템을 완전히 이해하기까지는 시간이 걸린다. 그러나 몸에 익은 후에는 즐겁게 플레이할 수 있다. 패링[1]을 성공하는 기쁨은 물론이고, 반격의 손맛도 좋다. 시각적 즐거움도 빼놓을 수 없다. 이브는 우아하게 적을 공격하고 베는 모습과 공격을 회피하는 동작을 더해 마치 격렬한 죽음의 춤을 추는 듯한 퍼포먼스를 보여준다. 하이라이트로 다양한 아크로바틱 특수 스킬을 사용해 이브의 앞을 가로막는 적들에게 엄청난 데미지를 입히는 동시에 현란한 기술을 선보인다.

1 격투기나 검투 등에서, 상대의 공격을 옆으로 쳐내는 동작이다.

〈스텔라 블레이드〉 전투의 가장 큰 장점은 모든 플레이어가 실력과 상관없이 쉽게 접근할 수 있다는 점이다. 소울라이크 게임을 어려워하는 사람들도 쉽게 플레이할 수 있다. 네오위즈의 〈P의 거짓〉 사례를 살펴보자. 피노키오 동화를 기반으로 한 〈P의 거짓〉은 다크소울 스타일에 치중되어 플레이 도중 캐릭터가 너무 쉽게 죽을 뿐만 아니라 상당한 불편감을 준다. 휴식 구간까지의 간격이 길고, 자주 죽으면 캐릭터를 강화하는 데 필요한 화폐를 모으기 어렵다. 난이도 설정이 따로 없기 때문에 '숙련될 때까지 계속 플레이해야 하는' 전형적인 소울라이크 게임 형식을 띠고 있다.

〈스텔라 블레이드〉는 다른 접근 방식을 보여준다. 캐릭터가 죽는다고 하더라도 큰 문제가 발생하지 않는다. 손실도 거의 없다. 난이도가 낮은 '스토리 모드'가 존재하며, 플레이어가 원하면 난이도를 선택할 수 있다. 전투 중 부활할 수 있는 아이템이 있고, 게임 중반에 캐릭터가 잠시 무적 상태가 되어 강화할 수 있기에 플레이어가 주도권을 쥘 수 있다. 그렇다고 해서 무조건 쉽게 플레이할 수 있는 게임은 아니다. 승리가 저절로 찾아오지도 않는다. 다만 스토리 자체를 즐기고 싶어 하는 사람들도 큰 어려움 없이 플레이할 수 있다는 것을 의미한다. 또한 게임의 성취감을 느끼고 싶은 사람들 또한 만족할 수 있는 게임이다.

물론 〈스텔라 블레이드〉에서 가장 어려운 부분이자 하이라이트는 보스다. 보스는 다양한 방식으로 플레이어의 능력을 시험하게 때문에 어느 정도 패링과 반격에 능숙해야만 한다. 그렇지 않다면 보스를 공략하기 어렵다. 하지만 넉넉한 체크포인트와 훌륭한 보스 설계로 인해, 보스가 등장해도 도전을 계속하며, 위험을 극복할 수 있다. 보스는 대부분 괴물 같은 모습으로 표현되며 플레이어들에게 거부감과 매력을 동시에 느끼게 한다.

〈스텔라 블레이드〉는 화려한 전투뿐만 아니라 다른 매력적인 요소들도 분명하다. 게임을 진행하다 보면 다양한 요소로 구성되었다는 점을 인지할 수 있다. 선형적인 근접 전투 중심의 미션과 그 속에서 마주하는 여러 보스 전투를 거치면 여러 가지 오픈 월드 구역을 탐험할 수 있다. 시온시티에서 시간을 보내다 보면 광활한 구역 구석구석을 탐험하는 보람을 더해 줄 다양한 사이드 퀘스트를 수행할 수 있다. 사이드 퀘스트는 이브가 속한 세계와 주변인들에 대한 정보를 제공한다. 또한 이브의 전투력을 높여줄 업그레이드와 코스튬도 얻을 수 있다.

〈스텔라 블레이드〉에서 가장 멋진 지점은 지하로 들어가는 순간이다. 어둡고 으스스한 실험실에서 희귀 아이템(Power cells)을 발견할 수 있으며, 일시적으로 신뢰의 검을 사용할 수 없는 페널티도 발생한다. 지하에서는 총기물에 의존해야 하며 어둠 속에서 적들이 나타나 압박을 가할 때 총기를 효과적으로 배치하고 탄약을 관리해야 한다. 해당 시나리오에서 유일한 빛의 원천은 드론밖에 없기 때문에, 〈스텔라 블레이드〉는 순간적으로 공포 게임으로 변해 전형적인 액션과는 또 다른 새로움을 선사한다.

사실 〈스텔라 블레이드〉에는 처음부터 끝까지 다양한 요소가 곳곳에 숨어 있다. 반사 신경보다 두뇌를 사용해야 하는 퍼즐 게임도 있다. 플레이어가 방문하는 여러 구역에서 플랫포밍 스킬을 테스트할 수도 있다. 긴장감 넘치는 탈출 시퀀스뿐만 아니라 튜브를 타고 빠르게 질주하는 짜릿한 구간도 존재한다. 플레이하다 보면, 다음 구간에는 무엇이 기다리고 있을지 유추할 수 없기 때문에 긴장을 늦출 수가 없다.

〈스텔라 블레이드〉는 시청각적으로도 매우 뛰어나다. 현존하는 PS 5 게임 중 최고의 그래픽을 자랑하는 게임이다. 섬세하게 디자인된 로케이션, 복잡한 캐릭터 모델, 절묘한 조명이 한데 어우러져 소름 끼치도록 현실감 있는 장면들을 연출하고 있다. 포스트 아포칼립스 배경 내에서 연출할 수 있는 최대한 생생하게 구현하고 있다. 그 외에도 게임 플레이에 걸맞은 즐겁고 다양한 사운드트랙을 제공한다. 게임의 스토리가 중요해지는 지점에 차분한 사운드트랙을 제공하고, 개방된 공간을 돌아다닐 때는 보다 멜로디가 살아 있고 흥겨운 음악으로 분위기를 전환한다. 일부 사운드트랙은 게임 〈니어: 오토마타〉를 연상시키기도 한다. 사실 〈스텔라 블레이드〉는 〈니어〉와 긍정적인 지점에서 유사한 점이 많다.

출시 이후 〈스텔라 블레이드〉는 여러 차례 업데이트를 통해 플레이어들에게 더 좋은 경험과 새로운 매력을 선보이고 있다.

따라서 플레이어가 게임을 몇 번이고 다시 플레이하도록 발전을 거듭해 왔다. 우선, 출시일 패치를 통해 뉴게임 플러스 모드가 추가되어 플레이어가 이미 충분히 게임 진행이 된 상태에서도 이를 유지하면서 새 게임을 시작할 수 있게 되었다. 새로운 업그레이드와 잠금 해제 가능 코스튬 등도 추가되었다. 이후에도 보스 러시 모드가 추가되면서, 플레이어가 이전에 쓰러뜨린 보스와 다시 대결해 스킬을 연마하거나 실력을 뽐낼 수도 있다. 시프트업은 추가적으로 업데이트를 진행 중이며, 많은 요청이 있었던 포토 모드도 곧 추가될 예정이다. 베일에 싸인 〈니어〉와의 협업도 출시를 앞두고 있다.

필자는 개인적으로 〈스텔라 블레이드〉에 매우 놀랐다. 일관되고 균형을 잘 잡고 있는 게임일 거라고 예상하지 못했기 때문이다. 시프트업이 개발한 첫 번째 AAA 콘솔 게임으로써 〈스텔라 블레이드〉는 엄청난 성과이며, 회사의 미래를 바꿀 수도 있는 게임이다. 팬들은 속편 제작을 간절히 원하고 있고, 게임의 성공을 감안한다면 소니 역시 마찬가지일 것이다. 어찌되었든 시프트업은 차기작으로 PC뿐만 아니라 콘솔까지 겨냥할 것이 분명하며 〈스텔라 블레이드〉를 제작하면서 얻은 경험을 바탕으로 더욱 몰입감 넘치는 세계관과 매력적인 전투를 선보일 수 있을 것이다.

〈스텔라 블레이드〉의 성공으로 소니는 미개발 기술과 참신한 아이디어가 넘쳐나는 한국과 중국에 기반을 둔 더 많은 스튜디오와 협력하고 싶어 할 것이다. 하나의 사례로, 2025년 PS 5 라인업에서 가장 기대되는 게임 중 하나로 중국 스튜디오 S-Game이 개발한 〈팬텀 블레이드 제로〉가 있다. 〈스텔라 블레이드〉와 마찬가지로 RPG 요소가 들어있는 3인칭 액션 어드벤처 게임으로, 최초 공개 후에 서구권 게이머들의 이목을 끌었다. 세련된 비주얼과 짜릿한 전투를 자랑하는 게임이기에 충분히 가능한 일이다. 이 게임 또한 성공한다면 소니가 투자를 두 배로 늘린다고 해도 전혀 놀랄 일이 아니다.

따라서 2024년 최고의 게임을 꼽을 때 〈스텔라 블레이드〉를 언급할 수 있다. 뿐만 아니라 가장 중요한 게임 중 하나로 볼 수도 있다. 화려한 전투와 매력적인 캐릭터가 특징인 게임이지만, 동시에 상당한 깊이를 지닌 게임이기도 하기 때문이다. 나아가 소울라이크 게임이 액션 장르를 지배하는 시대에 다양한 플레이어들이 비교적 쉽게 접근할 수 있는 게임이라는 것도 특별한 지점이다. 〈스텔라 블레이드〉는 플레이어가 자유롭게 탐색할 수 있는 광활한 오픈 월드 구역, 원거리 전투를 위한 분위기 있는 지하 공간, 퍼즐과 플랫포밍 미션 등 여러 요소가 적절히 섞여 있기에 플레이어가 긴장감을 유지하게 된다. 뛰어난 비주얼, 절묘한 사운드트랙, 흥미로운 스토리를 더하며 소니의 퍼스트 파티 타이틀과 나란히 PS 5의 대표작이자 최고의 보석이라 해도 손색이 없다.

시프트업은 이브라는 하나의 아이콘을 만들었다고 해도 과언이 아니다. 이브는 조만간 팀 아소비의 플랫폼 게임 〈아스트로봇(Astro Bot)〉에서 사랑받는 다른 플레이스테이션 영웅들과 함께 등장할 예정이다. 시프트업이 향후 어떤 게임을 내놓든, 〈스텔라 블레이드〉로 얻은 인지도로 훨씬 더 많은 주목을 받게 될 것이다. 그러나 〈스텔라 블레이드〉의 진정한 영향력은 아직 다 발휘되지 않았다고 볼 수 있다. 몇 년 후 아시아계 개발사가 AAA 콘솔 게임 개발 분야에서 두각을 나타날 때, 영향력을 확실하게 확인할 수 있다. 특히 최근 중국 개발사 게임 사이언스의 〈검은 신화: 오공〉의 성공과 함께 〈스텔라 블레이드〉가 촉매제로 각인될 수 있을 것이다.

마지막으로, 〈스텔라 블레이드〉와 앞서 언급한 〈P의 거짓〉은 한국의 싱글 플레이어 게임에 대한 많은 관심을 촉발했다. 펄 어비스는 오픈월드 액션 어드벤처 게임 〈붉은 사막(Crimson Desert)〉을 준비 중이며, 네오플은 액션 RPG 〈퍼스트 버서커: 카잔〉의 마무리 작업을 진행 중이다. 두 게임 모두 2025년 콘솔과 PC 버전으로 전 세계에 출시될 예정이다. 아시아 게임 개발사에게는 더욱 다양한 장르를 통해 전 세계 플레이어들에게 다가갈 수 있는 시기가 될 것이다. 물론 〈스텔라 블레이드〉가 이러한 변화의 유일무이한 이유는 아니다. 하지만 전세계적 인기를 이끈 한국 최초의 성공한 콘솔 게임이라는 위치는 간과할 수 없으며 간과해서도 안 된다.

PART 1

구원에 의한, 구원을 위한 이야기

한유희

PART 2

자립적인 여성이 세계를 정복한다

〈세이렌〉으로 살펴본 일본과 미국에서의 로판 웹툰 성공 요인 / 달마 칼로비치

[웹툰]

〈세이렌: 악당과 계약가족이 되었다〉

〈세이렌: 악당과 계약가족이 되었다〉는 동명의 웹소설을 웹툰화한 작품이다. 주인공인 아리아는 세상에 마지막 남은 세이렌이다. 그녀는 노래하는 재능을 이용당하다 결국 자살을 선택한 어머니, 대물림된 자신의 비참한 삶에 지쳐 비극을 맞이하지만, 어린 시절로 다시 회귀하게 된다. 그리고 이번에는 전생에서 자신을 구하기 위해 희생을 치른 남주를 찾아 보답하려 한다. 원작 웹소설의 힘과 세이렌(전설 속의 요정)이라는 참신한 소재 활용, 화려한 작화로 호평을 받고 있다.

- 원작 : 웹소설 〈세이렌: 악당과 계약가족이 되었다〉 (작가: 설이수)
- 플랫폼 : 카카오페이지, 카카오웹툰
- 작화 : 포야 / 작가 : 생얍
- 등장인물 : 아리아, 로이드, 베로니카, 가브리엘 등
- 연재 기간 : 2021년 12월 26일부터

PART 1

구원에 의한, 구원을 위한 이야기

한유희*

〈세이렌: 악당과 계약가족이 되었다〉(이하 〈세이렌〉)은 카카오 엔터테인먼트의 로맨스 판타지 작품으로 슈퍼 스토리 지적재산(IP)이다. 원작 동명 웹소설의 누적 조회수는 9천8백만 회, 웹툰의 조회수는 7천9백만 회를 기록하고 있다. "로맨스 판타지에 대해 수많은 편견이 있으나 미친 비주얼의 캐릭터, 압도적이고 차별화된 고딕풍 분위기"를 연출한다는 장점이 있다고 평가받으며 카카오 엔터테인먼트의 '2022 슈퍼 웹툰 프로젝트'에 선정되기도 하였다. 또한 2023년 이탈리아 최대 만화축제인 나폴리 코믹콘에 소개되었으며, 2024년에는 〈세이렌〉 굿즈 팝업스토어를 개최하였다. 이제는 로맨스 판타지라는 장르가 낯설지 않다. 로맨스 판타지 장르에 속하는 작품의 인기도 높다. 따라서 소수

* 문화평론가, 경희대학교 K-컬처 · 스토리콘텐츠연구소 연구원.

의 취향으로만 이야기하기는 어려워졌다.

로맨스 판타지는 한국의 장르 판타지에서 장르 로맨스를 구사하면서 시작된 장르다. 웹소설에서부터 시작된 로맨스 판타지는 웹툰에서도 하나의 장르로 구축되었다. 로맨스 판타지의 인기 요인을 단순히 여성향이기 때문이라고만 말하기는 어렵다. 기본적으로 로맨스 판타지가 지닌 특성 때문이다. 로맨스 판타지는 장르 간 혼합 혹은 새로운 장르의 분화라는 점에서 특이점이 있다. 물론 로맨스 판타지가 지켜야 할 장르적 문법은 분명한 한계로 보이기 쉽다. 두 장르의 특성을 모두 지녀야만 하는 교집합으로 한계를 짓기 때문이다.

하지만 판타지 장르와 로맨스 장르에 편입되지 못했던 작품 모두를 포괄할 수 있다는 점에서 로맨스 판타지의 스펙트럼은 외려 넓다. 로맨스 판타지 장르는 낭만적인 사랑을 전제하지만, 판타지라는 장르적 요소가 더해지면서 로맨스와 판타지 장르적 특성을 확장 시킨다. 로맨스 요소가 적거나 판타지 요소가 적어도 로맨스 판타지에 속할 수 있다. 즉, 로맨스 판타지만의 별도의 장르적 규범과 관습을 구성하게 되는 것이다. '지금-여기'의 규범으로는 용인될 수 없는 규칙과 규범들, 세계관 설정이 자유로워졌기에 오히려 새로운 이야기를 진행할 수 있는 밑바탕으로 작동하고, '-물'이라는 갈래의 서사 구조를 확산한다.

수많은 로맨스 판타지 작품 속에서 〈세이렌〉에 주목하는 이유를 어디에서 찾을 수 있을까? 〈세이렌〉의 인기 요인은 크게 세

가지를 꼽을 수 있다. 첫째, 아름다운 작화다. 둘째, 익숙한 장르적 구성 요소를 진지하게 고찰한다. 셋째, 윤리적인 질문을 전제한다.

사실 〈세이렌〉의 서사는 로맨스 판타지의 기본인 서사적 문법의 큰 틀에서 벗어난다고 말할 수는 없다. 흔히 로맨스 판타지를 언급할 때 익숙한 키워드를 기본으로 하기 때문이다. 특히나 〈세이렌〉은 회귀물[1]이라는 로맨스 판타지의 설정을 통해 이야기를 풀어낸다. 그것도 아주 훌륭한 비주얼을 통해서 말이다. 하지만 동시에 '지금-여기'의 문제들을 수면 위로 떠올린다. 가치를 전복하면서 윤리적인 질문들을 던진다. 지금-여기에서 쉽게 용인될 수 없는 극단적인 상황을 전제하면서. 우리가 보편적으로 생각하는 가족, 선과 악, 구원이라는 가치를 묻는다.

〈세이렌〉에서 던지는 질문에 대답하는 데 필요한 것은 어쩌면 반대로 지금-여기를 어떤 방식으로 우리가 이해하고 있는지를 톺아보는 자세다. 유치하다는 장르의 오명에서 벗어나서 말이다.

빛과 어둠으로 빚어낸 세계

기본적으로 〈세이렌〉은 작화가 뛰어난 작품이다. 웹소설이 원작

1 〈세이렌〉의 추천 검색어는 다음과 같다.
#로맨스판타지, #복수물, #회귀물, #여주판타지, #첫사랑, #인외존재, #까칠남, #왕족/귀족, #능력녀, #외유내강, #도도녀, #걸크러쉬, #다정녀, #계약관계, #권선징악

인 작품이 성공하기 위해서 가장 중요한 덕목은 무엇일까. 여러 가지 대답을 할 수 있지만 기본적으로 작화를 꼽을 수 있다. 이미 이야기를 알고 있는 팬들은 과연 누가 어떤 방식으로 내가 사랑하는 이야기를 잘 표현해냈는가를 중요하게 여긴다. 〈세이렌〉의 경우 팬들의 소망이 실현된 작품이다. 웹소설 원화가가 웹툰 작화를 맡았기 때문이다. 따라서 원작을 알고 있는 독자들은 원작의 연속선상에서 작품을 감상할 수 있으며, 원작을 모르는 독자들 또한 훌륭한 작화를 통해 스토리에 몰입하게 된다.

원작가와 웹툰 작가가 오랫동안 함께해 왔기에 작가는 이야기에 대한 이해도가 높다. 이는 곧 공을 들여야만 할 장면을 명확하게 알고 원작의 느낌을 적확하게 표현할 수 있다는 것을 의미한다. 이야기를 완벽하게 이해하는 작화는 세심할 수밖에 없다. 웹툰에서 원작의 서사가 추진력을 얻을 수 있다. 웹툰은 단순히 '서사'의 가치로만 재단할 수 없는 부분이 분명히 존재한다. 좋은 이야기와 그림이 합치될 때 얻을 수 있는 가치가 있다. 게다가 작화는 단순히 '아름다움'만 표현하는 것이 아니다. 작품의 핵심적인 가치가 되는 지점을 조형학적으로 구성한다. 〈세이렌〉의 작화는 밝음과 어둠을 통해 작품의 분위기를 표현한다. 〈세이렌〉은 기본적으로 아리아와 로이드가 서로를 구원하는 이야기다. 아리아와 로이드가 나오는 장면들은 대부분 밝고 경쾌한 색채로 구성된다. 그야말로 인물들은 반짝반짝 빛이 난다. 하지만 〈세이렌〉은 단순한 사랑 이야기가 아니다. 선과 악이 혼재되고 모호하게 표현된다. 선의와 악의가 뒤섞이며, 환희와 좌절이 반복되고 혼재되는 공간을 가장 잘 표현할 수 있는 것은 결국 빛과 어둠이다. 빛과 어둠은 작품을 이해할 수 있는 하나의 축이 된다. 빛과 어둠은 작품의 분위기를 조성하고 캐릭터의 성격을 표현하며 줄거리의 발전을 추진한다. 아리아와 로이드가 겪는 감정의 변화 또한 색채로 드러난다. 또한 웹툰 특유의 방식인 스크롤을 통해 장면이 변환될 때 빛과 어두움은 작품의 분위기를 빠르게 전환하고 〈세이렌〉의 세계관을 독자에게 효과적으로 인지하도록 한다.

로맨스 판타지에서 재현되는 '지금-여기'의 가족

로맨스 판타지에서 가족은 가문이라는 이름으로 유독 강조된다. 가문은 극단적으로 가족의 허상을 들출 수 있는 장치다. 특별한 가문을 이루기 위해서 사랑이 없고, 이득을 따지는 관계가 필요하다. '계약 결혼'이 로맨스 판타지에 지속해서 등장하는 이유다. 결혼 이후에 구성되는 가족은 비정상적인 형태가 많다. 부부는 애정이 없고, 혼외자가 존재하며 자녀들을 차별하는 모습이 일반적인 기준이 된다. 원래의 가족, 즉 핏줄로 연결된 가족을 남보다 더 먼 사이, 혹은 남보다 더 잔인한 관계로 설정할 때 새로운 가족이 더욱더 이상적인 가족으로 두드러진다. 따라서 로맨스 판타지의 원가족은 주인공을 학대하거나 혹은 소외시키며 적극적으로 학대에 가담한다. 이후 주인공은 가문(가족)에게 축출당하며 죽음을 맞게 된다. 이후 회귀·환생·빙의를 통해 주인공은 다시 새로운 삶을 겪게 된다. 주인공은 살아남기 위한 적극적인 방법으로 '애교'를 선택한다. 애교를 통해 자신의 입지를 보장받고, 본인이 죽기 전에 알고 있던 정보를 통해 자신과 가문을 위협에서 구해내며 '사랑받아야 할' 존재라는 점을 증명한다. 이후 가족은 이상적인 가족으로 형상화된다. 서로를 사랑하고 믿고 인정하는 존재로 변하는 것이다. 이때의 주인공은 가족을 사랑하기 때문이 아니라 자신의 생존을 위한 방식으로 정상적인 가족을 재구성한다는 점이 중요하다.

〈세이렌〉의 경우 새로운 가족을 아리아가 선택한다는 점에서 특이하다. 아리아가 요구하는 계약 결혼은 자신이 베풀 사랑과 배려를 위한 안전한 관계를 요청하는 수단이다. 계약을 통해 허상이 아닌 진실로 묶일 수 있는 완전한 가족을 만들어낸다. 아리아는 자신이 시한부라는 점을 알고 있었기에, 자신을 배제하고 로이드를 위한 가족을 구성한다. 원래의 아리아 가족은 참혹하다. 세이렌의 아버지는 철저하게 아내와 딸을 이용 수단으로 여긴다. 어머니 또한 마찬가지다. 같은 동족인 딸이 목소리를 잃은 것처럼 보이게 만들려고 끊임없이 약물을 먹이는 어머니 또한 부모의 역할을 다하고 있다고 말할 수 없다. 이용당할까 봐 딸을 위해 목소리를 내지 못하게 하는 것이지만, 아리아는 결국 시한부가 된다.

비단 아리아만 가족에 문제가 있는 것은 아니다. 발렌타인 가문도 마찬가지다. 그들은 서로를 사랑하지만, 관계는 소원하다. 가문이 지닌 비밀인 '악의'로 인해 소중한 사람을 잃어야 하기 때문이다. 따라서 가족 구성원은 가족으로서 기능을 잃고 만다. 자식의 탄생은 어머니의 죽음을 의미하고, 자식의 성장은 아버지의 죽음을 뜻한다. 이로 인해 그들은 서로를 지척에 두고서도 깊이 사랑할 수 없다. 더 정확하게 말하자면 부모의 죽음을 전제로 한 탄생이기에 서로의 존재를 애달파할 뿐이다. 따라서 그들은 가족이기에 거리를 둔다. 가까울수록 더 깊은 상처를 입기 때문이다. 입양된 발렌타인의 방계인 빈센트 또한 마찬가지다. 천재적인 머리로 발렌타인 대공가의 둘째 아들이 되지만, 그 또한 스스로 가족이라는 소속감이 없다. 대공가라는 이름으로 느슨히 묶여 있는 존재로, 이전의 삶에서는 빠르게 버려지는 존재이기도 하다. 하지만 아리아의 등장으로 발렌타인 대공가는 가족으로서 기능을 회복한다. 단순히 '결혼'으로 맺어진 형식적인 가족을 뜻하는 것이 아닌, 서로가 서로를 아끼고 믿고 사랑하는 관계가 가족이라는 것을 명확히 드러낸다.

또 하나 〈세이렌〉에서 눈여겨보아야 할 장면이 있다. 사실 로맨스 판타지에서는 주인공의 불행한 삶을 강조하기 위해 가족의 아동 학대가 지나치게 잔혹하게 묘사되고는 한다. 하지만 주인공의 고난을 재현한다는 단순한 이유만으로는 학대 장면의

당위성을 주장하기 어렵다. '아이'의 존재에 대한 고민이 부재하기 때문이다. 일부 로맨스 판타지에서는 아이를 대상으로 오히려 학대를 부추기거나 아동 학대에 대해 조금 더 자극적으로 표현하고자 애쓴다. 이는 학대에서 벗어날 수 있게 도왔다는 보상의 개념으로 사랑을 인지할 수 있다는 점에서 주의가 필요하다. 아이는 그야말로 무조건적으로 사랑받아야 하는 존재이기 때문이다.

〈세이렌〉에서는 로맨스 판타지에서 답습되고 있는 아동 학대와 사랑의 모습이 조금 다르게 나타난다. 발렌타인 가문의 시녀장이자 유모인 다나는 그저 아리아를 포근하게 안아준다. 필담을 통해서 아이가 충분히 사랑받지 못했다는 것을 깨달았기 때문이다. 따라서 어떤 것도 묻지 않고, 원하는 것을 들어주고자 한다. 학대당한 아이를 사랑으로 감싸주는 장면은 상식적이기에 아이러니하게도 더 감동적이다. 아리아가 시종들의 사랑에 이어 트리스탄, 사비나에게까지 사랑을 받았기에, 억지로 갚으려고 하지 않는 모습은 주목해야 할 장면이다. 보상적인 사랑이 아닌, 사랑받았기에 사랑을 베풀 수 있는 너무나도 당연한 모습으로 성장해 나가기 때문이다. 가족에서 가문에 이르기까지 아리아 곁의 모든 이들이 서로를 아끼며 위하는 모습으로 변모되는 과정에서 가족이라는 의미는 명확해진다. 아리아와 로이드, 빈센트는 발렌타인 가문을 위해서 위험한 일에 휘말리기도 한다. 절체절명의 순간, 부모는 부모로서 아이들을 챙긴다. 위험한

일을 하면 혼내기도 하고 감싸주기도 한다. 비로소 진정한 가족이 된 것이다. 〈세이렌〉의 가족은 결국 지극히 정상적인 가족의 구성이 얼마나 필요한지 역설하는 셈이다.

악의 평범성 혹은 재구성

〈세이렌〉의 원제는 '악당과 계약가족이 되었다'이다. '계약가족'만큼 중요한 것이 바로 '악당'이다. 〈세이렌〉에서의 '악'은 단순한 선악의 개념은 아니다. 작품 속의 악은 절대적인 힘인 '이능'에서 비롯된다. 발렌타인 대공가와 세이렌인 아리아가 대표적이다. 사실 세이렌으로서의 능력은 누군가를 파괴하기 위해서 존재하는 것은 아니다. 다만 파괴할 '수도' 있을 정도의 요력이 담겨 있을 뿐이다. 타인을 살상하겠다는 의지가 없다면 절대로 발현되지 않는다. 아리아가 부르는 노래는 오히려 희망을 기조로 한다. 하지만 사람들은 가능성에 초점을 둔다. 위험에 빠지게 만들 수 있다는 불안감은 그들의 능력을 '악'으로 표상한다. 이는 곧 배제를 위한 포석으로 작동한다. 마녀사냥일 수도 있고, 끝도 없는 혐오로 발동할 수 있다. 역사 속에서 늘 반복되었던 잔인한 사건들이 발현된 것처럼.

〈세이렌〉에서는 절대선으로 상정되는 종교가 타락한 모습을 그려낸다. 동시에 악의 근원으로 추정되는 발렌타인 대공가는 오히려 세상의 평화를 위해 희생하고 있다는 점을 역설한다. 그리고 진정한 악은 무엇인지 묻는다. 가브리엘과 베로니카라는 존재는 타락한 '선'을 대표한다. 두 인물은 각자 다른 방식의 타락한 '선'인 진정한 '악'을 보여준다. 가브리엘은 가장 낮은 곳 출신의 성기사다. 가브리엘은 뒤늦게 신성력을 얻게 된 희귀한 사례다. 회귀 전 그는 베로니카가 원하는 방식대로 움직이며 정화와 성전이라는 명목으로 전쟁을 선두에서 이끌어 수많은 사람을 학살한다. 엄청난 양의 신성력을 지니고 있기에 능력은 출중하다. 하지만 '선'과 '의지'에 대한 고민이 없다. 그저 맹목적일 뿐이다. 회귀 후에도 마찬가지다. 자신의 의지를 스스로 표명하지 못하는 존재다. 아리아에 대한 호감과 베로니카의 명령 사이에서 흔들리며 잘못된 선택을 하는 어리석은 존재다. 악은 선한 모습을 띠고 나타나, 이토록 평범하게 행해진다.

이와 달리 베로니카는 완벽한 '악인'이다. 가르시야 내부에서 신성력은 낮지만 착한 성품으로 이름이 높아 성녀로 불린다. 하지만 실상은 자신의 부족한 신성력에 대한 콤플렉스로 자신의 입지가 위태롭다는 것을 인지하고 있기에 어떤 방식으로든 살아남기 위해 무슨 일이든 한다. 그녀가 원하는 것은 가르시야의 절대적 존재가 되는 것이다. 자신의 목표를 위해 그녀는 힘없는 아이들을 철저히 도구로 사용한다. 이 모든 행위는 신성력을 유지하기 위해 종교라는 이름으로 허용된다.

발렌타인 대공가는 악마의 악의가 아닌 '신'의 악의를 품고 살아가는 존재다. 그들은 악의를 감당하기 위해 초월적 힘을 지녔지만, 이는 발렌타인 가문의 희생을 담보로 하는 모순적인 힘이다. 악의를 사용할수록 발렌타인 대공들은 이성이 잠식되며 폭주하게 된다. 눈동자가 잿빛으로 변할수록 신의 악의에 오염되는 것이다. 자식을 낳으면 어머니는 죽고, 능력을 사용할수록 가주인 대공은 미쳐간다. 악의를 지니고 희생을 감수하지만, 그들의 마지막은 스스로 감옥에 들어가서 자신을 잃고 죽어가는 것이다. 로이드가 첫 번째 삶에서 '발렌타인 참변'이라는 사건을 일으킨 것은 자신이 '마지막'이기를 바랐기 때문이다. 자신을 제외한 모두를 살리기 위해 구현했던 '자기희생'은 자신을 제외한 모두를 죽게 만든다. 인간이 스스로 제어할 수 없는 힘이 강제되고, 그들의 희생을 묵인하는 과정에서 발렌타인 가문은 '악당'이 된다.

서로를 향한 의지 혹은 구원

신은 죽었다. 니체의 말이다. 〈세이렌〉의 세계 속 신은 존재하되 존재하지 않는다. 분명 〈세이렌〉 속 신 '샤드라'는 절대적인 세계의 근원이다. 하지만 샤드라는 자신의 감정을 타인에게 맡기고 만다. 감정이 사라진 신은 더는 구원의 주체가 될 수 없다. 아리아가 잔혹한 삶을 이어가면서 마지막까지 바라던 신의 구원은 누구를 향해 있는가. 그리고 누구를 위해 신은 존재하는가. 어쩌면 이는 종교가 탄생한 다음부터 늘 존재했던 문제이기도 하다. 생의 마지막 순간까지 왜 '나를 구원하지 않는가'라고 묻는 아리아에게 대답을 해주는 이는 없다. 다만 로이드만 죽음의 순간에 함께해 주었을 뿐이다. 판타지 이야기 속에서조차 신의 구원을 바라는 것은 의미가 없다.

〈세이렌〉의 키워드에 '구원물'은 없다. 하지만 아리아와 로이드가 서로를 구원한다. 중요한 것은 이때의 구원이 회귀를 통해서 이루어진다는 점이다. 흔히 로맨스 판타지 장르에서 '회귀'는 보통 자신을 죽음으로 이끈 자들에 대한 복수를 기본으로 한다. 불행한 삶을 살다가 회귀하면 전생과는 달리 생존을 위한 고군분투가 중요하다. 따라서 이미 알고 있는 정보를 통해서 최선의 방식으로 복수를 하고 자신의 생존에 집중한다. 하지만 〈세이렌〉은 조금 다르다. 복수도 생존도 아리아에게 큰 문제가 아니다. 자신의 마지막을 바라봐준 로이드의 행복이 중요하기 때문이다. 물론 '구원'이 사랑에 기인한다는 점은 로맨스의 설정과 유사하다. 하지만 〈세이렌〉에서는 구원의 맥락이 다르다. 구원하고자 하는 '의지'에 주목한다.

아리아의 구원 대상은 '나'가 아닌 '타인'에 집중된다. 미래를 바꾼 대가가 분명히 존재한다는 점을 인지하고, 이를 해결하고자 한다. 따라서 구원은 신에게 바라는 수동적인 행위가 아니다. 적극적인 행동을 통해서 실현된다. 니체가 그토록 바랐던 '초인'

이 〈세이렌〉에 존재한다. 아리아가 선박에 갇혀 있던 사람들을 위해서 부르던 노래가 '희망'을 북돋우는 장면은 스스로가 '구원'의 존재로 각성한다는 모습을 보여준다. 그들이 죽음으로 향하던 순간에 절망에 빠졌던 그들 스스로를 구원한다. 물론 아리아의 능력이 발휘되었기 때문에 가능한 일이었으나, 결국 이를 가능케 하는 것은, 삶에 대한 '의지' 때문이다. 로이드 또한 절대적인 힘인 신의 악의를 선한 '의지'를 지니고 사용한다. 즉, 선도 악도 구원도 모두 의지의 문제로 상정된다.

로맨스 판타지는 언제나 꿈같은 이야기를 한다. 장르적 특성으로 인해 로맨스 판타지는 여러 가지 오명을 지니고 있고 작품의 가치가 폄하되기 쉽다. 물론 절망과 도탄에 빠진 상황 속에서 구원을 찾는다는 꿈같은 이야기가 결국은 판타지이기에 가능하다는 점은 장르적인 한계일 수 있다. 결국은 '환상'에서만 가능한 이야기라는 점을 다시 명시하는 것이기 때문이다. 하지만 지켜나가야만 할 가치에 대해서 다시 논의할 수 있다는 것은 얼마나 중요한가. 장르 속에 감추어진 문제를 날카롭게 직시할 수 있는 작품으로서 가치를 논의할 필요가 있다. 그들의 이상적인 가족, 선, 의지, 구원을 통해 오히려 '지금-여기'의 가치를 새로이 재편하는 작업이 필요하다. 〈세이렌〉은 의지를 통해 자기 자신을, 타인을, 그리고 사회 모두를 구원하고 있기 때문이다.

PART 2

자립적인 여성이 세계를 정복한다

〈세이렌〉으로 살펴본 일본과 미국에서의 로판 웹툰 성공 요인

달마 칼로비치*

지난 몇 년간, 스마트폰으로 스크롤하며 볼 수 있는 웹툰은 세계적으로 가장 인기 있는 만화 매체 중 하나로 자리 잡았다. 2000년대 초 한국에서 탄생한 웹툰 형식은 여러 해외 작가에 의해 채택되었으며, 마블과 같은 대형 출판사들도 일명 스마트폰 세대의 관심을 끌기 위해 웹툰 형식을 활용하고 있다. 그러나 가장 인기 있는 작품들은 여전히 한국에서 제작된다. 웹툰은 다양한 장르를 아우르고 폭넓은 독자층을 대상으로 제공되지만, 특히 지난 10년간 자립적인 여성 주인공을 내세운 여성 취향의 로맨스 판타지 시리즈가 꾸준히 늘어나고 있다. 해외에서도 로맨스 판타지 서사는 지속적인 인기를 누리고 있다. 웹툰의 국제적 성공에 기여했다고 해도 과언이 아니다. 〈세이렌: 악당과 계약

* Dalma Kálovics, 간세이가쿠인대학교 국제학부 교수.

가족이 되었다〉가 대표적인 인기작 중 하나다. 〈세이렌〉은 설이수 작가의 웹소설을 바탕으로 생얌이 각색하고 포야가 작화를 담당한 로맨스 판타지 웹툰이다. 2021년 한국에서 연재를 시작했으며 이미 2022년에 일본과 미국 등 여러 해외 플랫폼에 진출하여 꾸준히 인기 순위 상위권을 차지하고 있다. 2024년 한국에서는 웹툰 연재 중에도 총 네 권의 단행본이 발행되었는데, 이는 디지털 중심의 한국 시장에서 디지털 만화의 단행본 출간이 흔치 않다는 사실을 감안할 때 작품의 큰 인기를 반영한다. 지금부터 〈세이렌〉을 로맨스 판타지 장르의 인기 사례로 삼아 현재의 웹툰 트렌드와 어떻게 연결되는지, 그리고 일본과 미국이라는 두 시장이 전혀 다른 방식으로 외국 만화를 수용하고 있음에도 로맨스 판타지 시리즈가 인기를 유지하는 이유를 분석해 보고자 한다.

로맨스 판타지 장르에서의 〈세이렌〉

〈세이렌〉은 마지막 인어족인 아리아의 이야기를 다룬다. 아리아는 감금된 채 고문을 당하며 노래를 강요받다 저주받은 대공 로이드 발렌타인에게 구출되지만, 너무 늦게 발견되어 발렌타인의 품에서 숨을 거두고 만다. 그러나 아리아는 열 살 소녀로 회귀하여 인생을 다시 살아낼 기회를 얻게 된다. 발렌타인 가문으로 시집을 가게 된 아리아는 로이드를 불행한 운명으로부터 구하기 위해 자신의 인생을 스스로 주도하기로 결심한다. 과거의 기억과 번뜩이는 지혜를 가진 그녀는 시간이 흐르면서 진실이 자신의 기억과는 다르다는 것을 깨닫고, 적이 예상치 못한 곳에 숨어 있다는 사실을 알게 된다. 운명을 바꾸려 노력하는 과정에서, 아리아는 발렌타인 가문의 독특한 가족애와 로이드의 진실한 사랑을 얻게 된다.

〈세이렌〉은 로맨스 판타지 장르의 인기 있는 요소인 회귀와 환생 서사를 구사한다. 한국에서는 2010년대부터 로맨스 판타지가 각광받기 시작했으며, 웹소설 형식으로 시작된 이 장르는 곧 웹툰으로도 확장되었다. 이 장르의 주요 요소로는 두 가지가 있다. 첫째, 기구한 운명의 한국 여성이 환상의 세계로 들어가 과거의 삶에서 벗어나고 새로운 삶을 시작하는 '환생'이다. 둘째, 환상의 세계 속에서 어린 시절로 돌아가 재생을 겪는 '회귀'이다. 환생 설정은 현재의 독자들과 연결 고리 역할을 할 뿐, 이야기 바깥 세계에서의 지식이 서사에서 중요한 역할을 하는 경우는 적다.[1] 많은 로맨스 판타지 작품들이 환생과 회귀 요소를 동시에 활용한다. 또한 회귀한 주인공이 얼마나 어린 나이로 돌아가는지에 따라 이야기가 달라질 수 있다. 가족 간의 유대, 자녀 양육, 커리어 실현 또는 순수한 로맨스에 초점을 맞출 수 있

1 예외 가운데 한 작품은 『외과의사 엘리제: 등불을 든 천사』이다. 이 작품에서는 여주인공이 현대 의학 지식을 활용해 판타지 세계에서 사람들에게 도움을 준다.

으며, 이야기의 톤도 코미디에서 드라마까지 다양하다. 그러나 대부분의 이야기는 로맨틱하고, 행복하게 끝맺는다. 인기 있는 클리셰 중 하나는 주인공이 이야기 속 세계의 악역으로 환생하는 내용인데, 이를 통해 주인공은 사회적 기대를 배신할 수 있게 된다. 악역으로 환생한 주인공은 과거의 시련을 극복하고 새출발하여 더 행복한 결말을 위해 적극적으로 노력하는 모습을 보인다. 이처럼 다양한 로맨스 판타지 장르에서, 〈세이렌〉은 환생의 요소 없이 온전히 회귀만을 차용하며 성인 아리아가 열 살로 돌아가는 설정이다.

아리아는 악역이 아니지만, 마치 악역과 같은 특징을 지니고 있다. 과거 인어의 노래가 사람들을 미치게 만든다고 믿게 된 아리아는 귀엽고 순수한 겉모습과는 다르게 자신을 지키기 위해 외부의 적들을 무자비하게 대하기도 한다. 분홍색 머리와 인어족 특유의 눈을 가진 아름다운 인물로서, 겉모습은 천진하고 사랑스럽다. 하지만 자신의 목표를 이루기 위해 적을 노래로 세뇌하거나 잠재적인 적을 조종하며 가족을 보호하는 등의 과감한 행동도 마다하지 않는다. 이러한 반전 매력은 로맨스 판타지 장르 팬들에게 매력적이다. 두 번째 삶의 기회를 최대한 활용하려는 그녀의 결단력은 인기 요인이다. 아리아는 선과 악의 문제에 직면하는데, 대대로 저주받아 미쳐가며 폭력적으로 변하고 젊은 나이에 죽음을 맞이하는 발렌타인 가문은 세상으로부터 악의 상징으로 여겨진다. 하지만 오히려 신을 상징하는 인물들이 진정한 악으로 드러나게 된다. 이러한 딜레마 속에서도 아리아는 세상을 등진 신을 향한 낡아빠진 신념에 의지하지 않는 독립적인 여성으로 그려진다.

일반적인 로맨스 판타지 웹툰처럼, 〈세이렌〉도 중세 유럽을 연상시키는 판타지 배경을 그리고 있는 만큼 작화가 포야는 캐릭터들에게 화려한 의상을 입힌다. 아리아가 악역은 아니지만 발렌타인 가문은 어둡고 폭력적이라는 평판이 있기에, 고딕 패션을 연상시키는 어두운 색감과 의상으로 이를 강조한다. 〈세이렌〉은 포야가 연재한 첫 웹툰임에도, 삽화를 담당했던 웹소설보다 더 정교하게 의상과 매력적인 캐릭터를 표현하고 있다. 이러한 표현은 웹툰 플랫폼 독자들로부터 큰 호평을 받고 있다. 물론 잘생긴 남성 캐릭터들을 매력적으로 그린 점도 여성 독자들의 주목을 받게 된 요소다.

한국 외 일본과 미국에서의 로맨스 판타지와 〈세이렌〉

〈세이렌〉은 처음부터 큰 인기를 얻으며, 2022년 4월 일본 픽코마 플랫폼을 통해서[2], 5월에는 미국의 타파스(Tapas)에서[3] 소개되었다. 한국 연재에 비해 몇 달 정도 늦었지만, 새로운 에피소

2 *セイレン～悪党と契約家族になった*

3 *The Siren: Becoming the Villain's Family*

드가 나올 때마다 인기 순위 상위권에 머무르며, 다른 나라들의 여러 로맨스 판타지 작품들 사이에서도 관심이 높다. 성공의 주요 요인 중 하나는 특정한 역사적 시대나 국가에 고정되지 않는 '무국적' 유럽 스타일이기 때문이다. 이는 일본 만화와 애니메이션이 세계적으로 성공할 수 있었던 이유와 비슷하다. 일본 작품들은 문화적으로 특유의 향취를 가지지 않아 특정 국가의 이미지나 생활 방식을 떠올리게 하지 않기 때문에 소비자들이 더욱 쉽게 받아들일 수 있었다.[4] 마찬가지로, 로맨스 판타지 웹툰들은 한국의 문화적 특색이 두드러지지 않는 판타지 세계를 배경으로 하면서 전 세계 독자들이 친숙하게 느끼도록 구성되어 있다. 이러한 특성으로 인해 웹툰은 2010년대 중반 일본과 미국 시장에서 큰 성공을 거둘 수 있었다.

일본 시장에서의 현지화 전략

물론 전세계에 한국 웹툰이 자리 잡기까지 여러 가지 과정이 있었다. 일본의 웹툰 출판사들은 로렌스 베누티의 번역 이론[5]을 적용하여, 모든 한국적 요소를 제거하고 일본 문화에 맞게 '로

4 Koichi Iwabuchi, *Recentering Globalization: Popular Culture and Japanese Transnationalism*, Durham and London: Duke University Press Books, 2002.

5 Lawrence Venuti, *The Translator's Invisibility: A History of Translation*, London and New York: Routledge, 2008[1995].

컬화'하는 전략을 채택하고 있다. 2000년대 일본 시장에 모노크롬(단색) 형태의 한국 만화(만화책 형태)가 소개되었지만, 성공을 거두지 못했기 때문이다. 이미 모든 연령과 취향을 아우르는 일본 만화로 포화 상태에 이른 일본 시장은 외국 만화를 쉽사리 수용하지 않았다. 한류 열풍이 불기 전후인 2005년에 몇몇 출판사들이 한국 만화임을 강조하고 한국의 요소를 그대로 사용하는 '이국화' 전략을 통해 일본에 만화를 출시했으나, 대부분 실패로 돌아갔다.[6] 실패의 이유는 많지만, 일본 만화와는 반대로 왼쪽에서 오른쪽으로 읽는 형식과, 일본 독자들이 한국 만화와 친숙해질 수 있는 설명이 부족했다는 점이 가장 큰 실패 요인이다. 이 경험에서 배운 것인지, 2013년 코미코 플랫폼에서는 일본 작품으로 웹툰 형식을 일본 대중에게 소개했다.[7] 〈리라이프 야요이소(ReLIFE Yayoisō)〉와 같은 성공적인 시리즈가 일본 독자들에게 이 형식을 친숙하게 느끼게끔 했으며, 이후 번역된 한국 웹툰의 도입도 문제없이 진행되었다. 레진(2015), 조이(XOY)(2016, 2019년 라인망가에 통합됨), 현재 가장 인기 있는 픽코마(2016) 같은 다른 서비스들은 처음부터 한국 웹툰을 우선시했고, 앞서 언급한 '현지화'가 이루어진 덕분에 성공을 거두었다.

6 주목할 만한 예외는 박소희 작가의 『궁』이다. 2006년부터 2012년까지 일본에서 『らぶきょんLOVE in景福宮』로 전권 발매되었다.

7 네이버는 2011년 〈노블레스〉와 〈신의 탑〉 등의 웹툰을 일본어로 배포하기 위해 '무료만화-웹툰(無料マンガ-webtoons)'이라는 앱을 출시했으나, 웹사이트 없이 운영되어 인지도가 낮았고 몇 년 안에 사라졌다.

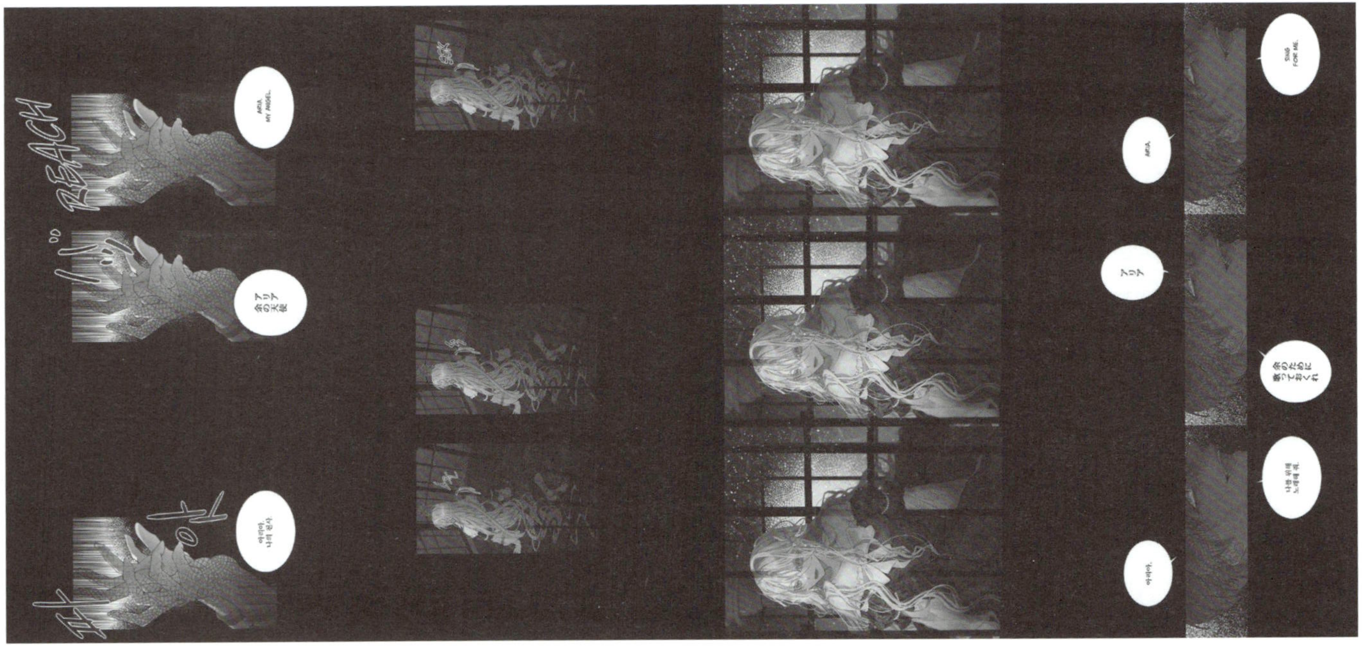

[그림 1] 〈세이렌〉 웹툰의 각국 에디션 (왼쪽부터: 카카오웹툰(한국), 픽코마(일본), 타파스(미국))

한국 이름과 장소는 일본식으로 변경되고 디지털 기술을 활용하여 말풍선도 일본어 세로 텍스트에 맞게 편집된다. 또한 독자의 시선을 사로잡는 웹툰 패널, 말풍선 및 장식 요소 같은 흐름은 일본의 오른쪽에서 왼쪽으로 읽는 형식에 맞추어 변경된다. 〈세이렌〉 같은 로맨스 판타지는 처음부터 판타지 세계 배경으로 설정되어 있기에 더욱 쉽게 현지화할 수 있으며, 필요한 경우 흐름만 편집된다([그림 1] 참조).

작가의 필명 또한 특정 국적을 연상시키지 않는다. 웹툰은 작화 스타일과 아이콘이 일본 만화와 유사해 독자들에게 거부감을 주지 않으면서도 스크롤 형식을 갖추며 화려한 색채를 띠기 때문에 직접적으로 비교되지 않는다. 물론 인기 웹툰들이 한국 작품이라는 사실이 비밀은 아니지만, 현지화는 일반 독자들이 웹툰을 쉽게 수용할 수 있도록 돕는다. 특히 인기 웹툰들은 일본에서 종이책으로 발행되는 경우가 많고 대개 일본식 단행본 형태로 오른쪽에서 왼쪽으로 읽히도록 출판되며, 일본 만화와 같은 레이블에서 판매된다. 때때로 왼쪽에서 오른쪽으로 읽는 형식으로 출판되면 독자들의 불만이 쏟아져 나오기 때문에, 현지화는 여전히 필수적인 것으로 보인다.

일본 독자들이 로맨스 판타지 웹툰을 환영하는 이유는 악역서사를 좋아하는 것과 동일한 이유다. 자기 주도적이고 독립적인 여성 주인공들이 세상을 주체적으로 헤쳐나가며, 사회나 남성에게 얽매이지 않고 스스로의 길을 개척해 가는 모습에 매료된 것이다. 일본의 소녀 주인공 만화 시장은 다양성을 띠고 매우 방대하지만, 흥미롭게도 이러한 유형의 여주인공은 흔하지 않다. 그동안 로맨스 장르는 주로 평범한 소녀들이 주인공이었고, 젊은 여성 독자들이 이런 캐릭터에 쉽게 스스로를 투영할 수 있었다. 이러한 소녀 주인공들은 종종 어리숙하지만 귀엽거나 다정한 모습을 지녔다. 그리고 소년과의 사랑을 통해 자존감을 찾아간다. 이러한 방식이 1970년대 이후 소녀 만화의 전통으로 자리 잡았다.[8] 반면 악역 서사는 자신감 넘치는 여성 주인공을 통해 여성 독자들에게 신선함을 주었다. 이러한 '라이트 노벨'이 만화화된 작품은 보통 전통적인 소녀 만화 잡지에 연재되지 않기 때문에, 소녀 만화와는 다소 차이가 있다. 또한 일부는 소년 만화나 청년 만화로 각색되면서 꼭 여성 독자만을 겨냥하지 않았고, 로맨스가 중심이 아닌 경우도 있다.

지금은 일본에서도 여성 독자층을 겨냥한 서사적으로 다양한 작품이 출시되고 있다. 하지만 한국의 로맨스 판타지 웹툰은 적절한 시기에 일본 시장에서 이러한 요구를 충족시키며, 사회의 기대에 얽매이지 않고 꿈을 이루며 사랑까지 쟁취하는 주체적인 여성 캐릭터를 독자들에게 선보였다. 전형적인 일본 주류 소녀 만화 여주인공과 달리, 로맨스 판타지 웹툰의 주인공, 특히 악역 캐릭터들은 사회적 규칙을 깨는 것을 두려워하지 않는다. 또한 매력적이고 사랑스러운 모습도 일본 독자들이 악역 서

8 소녀 만화 평론가 후지모토 유카리는 이를 '사랑의 덫'이라고 불렀다.(후지모토, 1998)

사에 끌리도록 만든 요소이다.[9] 소녀 만화와 비슷한 매력적인 비주얼로 표현되면서 더욱 호응을 얻기도 했다. 〈세이렌〉은 결단력 있는 주인공 아리아와 매력적인 작화 스타일 덕분에 일본 독자들에게 사랑받는 작품이 된 것이다. 일본 출판사 카도카와의 플로스 코믹 레이블에서 인쇄하여 출판하기로 했고, 1권은 2024년 12월에 발매 예정이다.

미국 시장에서의 외국화 전략

미국 시장에서는 일본과는 다른 과정을 거쳐서 웹툰이 성공을 이루게 된다. 미국 독자들은 이미 2000년대부터 발행된 한국 만화에 익숙해져 있었다. 초기에는 일본 만화와의 유사성 때문에 일본 만화로 소개되었다. 한국 만화가 일본 만화와 유사점을 지니고 있었기에 빠르게 시장에 안착할 수 있었다. 그러나 미국의 열성팬들은 처음부터 한국과 일본 만화를 구분하고자 했으며, 한국 출판사들 또한 이를 선호하였다.[10] 미국 시장에서 일본 만화는 단순히 콘텐츠로만 수용된 것이 아니다. 페이퍼백 형식을

9 Nagi Shichiya, "Akuyaku reijō to wa ittai nani...? Mekurumeku akuyaku reijō no sekai o goannai." *Comic Natalie*, 2021.

10 Chie Yamanaka, "Manhwa in Korea: (Re-)Nationalizing Comics Culture," In Jaqueline Berndt and Bettina Kümmerling-Meibauer(eds), *Manga's Cultural Crossroads*, London: Routledge, 2013, pp. 85–99.

채택하면서 외국화 전략을 통해 성공을 거두었고,[11] 한국 만화 역시 유사한 전략을 따르며 자리 잡았다. 이러한 상황 속에서 웹툰도 첫 공식 번역 이후부터는 한국 만화로 마케팅되었고, 전 세계적으로 한국 대중문화의 인기가 증가하면서 팬들은 한국 만화의 원본을 요구한다. 예시로 영어 번역에서도 한국식 존칭을 그대로 사용하고 있다는 점을 들 수 있다.[12]

미국에서 웹툰은 2010년대 중반 시장에 등장했다. 2014년 네이버의 웹툰 플랫폼이 미국에서 런칭되었고, 이후 현재는 서비스가 종료된 스팟툰, 2015년에는 레진코믹스, 2016년에는 타피툰이 뒤를 이었으며, 미국에서 로맨스 판타지 장르의 주요 출판을 담당하는 타파스 역시 2016년에 한국의 프리미엄 콘텐츠로 전환했다. 이 시기에 첫 번째 이세계 로맨스 판타지 웹툰들이 등장했다.[13] 이 장르의 인기는 일본의 '이세계물'이 미국 시장에 자리 잡은 영향도 분명히 있었지만, 성공 요인은 일본에서와 마찬가지로 강하고 독립적인 여성 주인공들의 등장에 의해서다.

미국 시장에서는 수십 년간 소녀 만화가 여성 취향 만화를 대표해 왔지만, 일본 시장에 비해 다양성이 부족했다. 일본 만화

11 Casey Brienza, *Watashi no ibasho wa doko ni aru no? Shōjo manga ga utsusu kokoro no*, Tokyo: Gakuyō Shobō, 2009.

12 이는 해외의 일본 만화 팬들이 번역된 텍스트에서 특정 일본어 단어와 존칭의 사용을 선호한 것과 비슷하다. 이로 인해 출판사들은 일반 독자들이 이해할 수 있도록 책에 설명 페이지를 추가하기도 했다.

13 〈왕의 딸로 태어났다고 합니다〉는 2016년에 타파스에서 출시되었고, 2017년에 타피툰에서는 〈이세계의 황비〉와 〈황제의 외동딸〉이 출시되었다. 그 이후로 매년 새로운 로맨스 판타지 라이선스가 증가했다.

는 2000년대 초반 여성 취향 콘텐츠와 여성 독자에게 매력적인 작품을 통해 미국 시장을 장악했다고 알려졌지만,[14] 여성 취향 만화로 가장 많이 분류되는 로맨스와 드라마 장르는 다른 장르에 비해 출판이 뒤처져 있다.[15] 2023년에는 여성이 만화 독자층의 34퍼센트에 불과했다. 전체 만화 독자의 42퍼센트가 밀레니얼세대이며 Z세대는 24퍼센트로 상대적으로 낮은 비율을 차지했다.[16] 이러한 상황은 로맨스 판타지 웹툰이 진입할 수 있는 분명한 시장 공백을 뜻한다. 이에 따라 타피툰과 같은 앱은 처음부터 로맨스와 로맨스 판타지로 여성 독자들을 타깃팅했다. 웹툰 출판사들은 미국 만화 시장에서 여성 독자층이 소외되고 있다고 인지하며, 컬러풀하고 스마트폰에 최적화된 형식이 젊은 세대의 관심을 끌 것이라고 보았다.[17] 이 전략은 성공을 거두었다. 2021년 타피툰의 독자 중 71퍼센트가 18-24세였으며, 74퍼센트가 여성으로 나타났다.[18] 같은 해 타파스에서도 비슷한 경향이 나타났는데, 여기서도 독자층의 대다수는 18-24세의 젊은 여성들이었다.[19]

14 Brienza, *op. cit*.

15 JETRO, Anime kanren sābisu shōhin ni kansuru beikoku ichiba repōto, 2024, p. 34.

16 JETRO, *op. cit*., p. 32.

17 Ciera Reeves, "[Exclusive Interview] Co-Founder of Tappytoon Ernest Woo on Webtoon Connection to K-pop, KDramas, and Beyond," *Kpop Wise*, 2023.

18 Hilary Leung, "Tappytoon Reveals Why Villainess Stories Are Popular in Webtoons," *CBR*, 2022.

19 Rob Salkowitz, "Tapas Sees Big Gains for Digital Comics," *Publishers Weekly*, 2021.

젊은 여성 독자층은 로맨스 판타지 장르의 열성 소비자로 자리 잡았고, 이는 현재 미국의 웹툰 앱에서 가장 많이 번역되는 장르가 되었다. 동시에 인기 순위에서도 두각을 나타내고 있다. 일본과 마찬가지로 미국에서 로맨스 판타지 장르가 인기를 끄는 이유는 시장에 부족했던 요소를 제공하기 때문이다. 〈세이렌〉의 아리아처럼, 로맨스 판타지 웹툰 속의 주인공들은 강인하고 독립적이며 자신의 삶과 사랑을 주도적으로 개척하는 여성들이다. 이러한 캐릭터들은 소녀 만화의 순종적인 여성 주인공들이 남긴 공백을 채우고 있다.[20]

맺음말

혹자는 로맨스 판타지의 인기가 시대정신에 부합한다고 말한다. 여성 독자들이 읽고 싶어 하는 내용은 독립적인 여성이 자신의 꿈을 이루는 이야기라는 것이다.[21] 또는 판타지 배경을 단순한 도피의 요소로 보는 경우도 있다. 그러나 이러한 이야기들은 여성 독자들에게 힘을 북돋아 주고 영감을 주기도 하며 카타

20 Tamara Lazic, "Interview: Tappytoon Founders on the State of Webtoon Industry, Piracy, Fans and More," *Anime Corner*, 2022.

21 Minami Miki, "Ichijinsha no shin rēberu 'Karafuru Hapinesu' sōkan! Tantō henshū ga kataru, gendai shakai ni 'akujo' ya 'yarinaoshi' ga motome rareru riyū," *Comic Natalie*, 2021.

르시스를 느끼게 한다.[22] 동시에 로맨스 판타지 웹툰은 만화 시장의 틈새를 노려서 적절한 시기에 등장하며 성공할 수 있었다. 일본의 소녀 만화는 로맨스 판타지 웹툰과 다른 이상향을 바탕으로 발전해 왔고, 미국 시장은 일본보다도 더 좁은 범위의 여성 취향 만화를 제공해 왔다. 〈세이렌〉의 아리아와 같은 로맨스 판타지의 강인한 여주인공들은 만화 시장에 새로운 활력을 불어넣었고, 현실에서는 하기 힘들 법한 과감하고 때로는 대담한 행동을 통해 여성 독자들을 매료시켰다. 로맨스 판타지 웹툰은 일본과 미국처럼 서로 다른 시장에서도 성공할 수 있는 모든 요소를 갖추고 있다. 한국과 일본의 만화 팬 모두에게 친숙한 시각적 스타일로 쉽게 현지화되면서도 차별점을 지녔기 때문이다. 한국 작가들이 계속해서 신선한 서사와 멋진 작화를 보여줄 수 있다면, 로맨스 판타지 장르는 앞으로도 오랫동안 팬들의 사랑을 받을 것이다. 최근의 애니메이션 각색을 고려할 때, 그 영향력은 더 확대될 것으로 기대된다.

22 Tamara Lazic, *op. cit.*

저자 소개

안숭범

경희대학교 국어국문학과에 재직하면서 영화평론가와 시인으로 다양한 글을 쓰고 있다. K-컬처 · 스토리콘텐츠연구소 소장으로 한류의 역동 과정을 탐색하며 비교문화학적 연구를 시도하고 있다. K-콘텐츠 팬덤의 문화적 실천에 관심이 많으며 영화, 드라마, 애니메이션 등 영상 기반 스토리콘텐츠의 형식과 내용에 관한 학술 연구를 지속할 예정이다. 국제영화비평가연맹 한국본부 사무총장을 지냈으며 《르몽드 디플로마티크(Le Monde Diplomatique)》, 《프리즘오브(PRISMOF)》 등 다양한 지면에 정기적 · 비정기적으로 평론을 싣는다. 부산국제영화제 등에서 심사를 맡기도 했으며, EBS 〈시네마천국〉을 진행했다. 저서로는 영화평론집 『환멸의 밤과 인간의 새벽』(2019), 학술서 『SF, 포스트휴먼, 오토피아』(2018), 시집 『소문과 빌런의 밤』(2022) 등이 있다.

앨버트 리(Albert Lee)

케네소 주립대학교에서 시나리오 작법/방송작가 분야 조교수로 재직 중이다. 컬럼비아 대학교에서 석사(MFA) 학위를 취득했으며, 시나리오 작법을 전공했다. 연세대학교 언더우드 국제대학에서 시나리오 작법, 영화 제작, 영화/미디어학을 가르쳤으며, 한국 엔터테인먼트 기업 유니버설/포커스 피처스를 포함한 미국 및 유럽 주요 파트너들의 컨설턴트로 활동했다. 한국 영화진흥위원회(KOFIC) 지원 글로벌 프로젝트를 개발하는 한국 영화 제작자들을 위해 각본 번역과 추가 대사 작업을 담당했다. KBS WORLD 라디오, TBS eFM, 그리고 에디 황이 진행하는 Huang's World 특별 게스트 인터뷰 등에 출연하기도 했다.

조한기

경희대학교 K-컬처 · 스토리콘텐츠연구소 학술연구교수로 재직 중이다. 건국대학교에서 국어국문학과 문화콘텐츠학을 전공했으며, 동 대학원에서 문화콘텐츠학으로 박사 학위를 취득했다. 2018년에 한국영화평론가협회상 신인평론상, 한국콘텐츠진흥원 주관 웹툰 평론 공모전 대상을 수상했다. 《르몽드 디플로마티크》, 《지금, 만화》 등에서 필진을 역임했다. 이 외에도 여러 지면을 통해 평론 활동을 이어오고 있다. 영화, 웹툰, 드라마, 애니메이션 등 스토리콘텐츠에 관심이 많으며, 매체를 횡단하는 캐릭터와 스토리텔링 전략에 관해 연구하고 있다. 『유럽영화감독』, 『영화로 읽는 도시 이야기』 등 다수의 책에 공저자로 참여했다.

파수트 라수카(Pasoot Lasuka)

태국 치앙마이대학교 인문학 및 지속가능성 국제 학부 학과장으로 재직 중이다. 문화연구와 지역 연구를 전공하였다. 어떻게 글로벌 미디어문화와 미디어 제작이 변화하는 사회를 이해하도록 돕는지에 관심을 가지고 있으며, 미디어 연구 지식을 활용하여, 미디어 표현이 환경에 대한 우리의 사고방식에 어떤 영향을 주는지 가르치고 있다. 최근에는 태국과 동남아시아에 큰 영향을 준 K-콘텐츠에 더 많은 관심을 기울이고 있다. 학술 논문 발표, Kyoto Review of Southeast Asian Studies 등 국제 플랫폼에 저널리즘 글을 기고하고 있다.

김태룡

건국대학교 문화콘텐츠학과에서 박사 학위를 받았다. 현재 경희대학교 K-컬처 · 스토리콘텐츠연구소에서 학술연구교수로 재직하며 문화콘텐츠와 관련된 강의와 연구를 수행하고 있다. 주요 연구 분야는 문화연구로서의 한류학과 뉴미디어 스토리텔링이다. 최근에는 해외의 수용자들이 K-팝 컬처를 통하여 제3의 문화를 창조하고 새로운 의미를 형성하는 과정에 관심을 두고 있다.

야마모토 조호(山本浄邦)

K-팝 및 동아시아 근현대사 연구자이다. 현재 리츠메이칸대학교 수업담당 강사, 불교대학종합연구소 촉탁연구원 등으로 활동하며, K-팝과 한국 문화, 한일관계 등에 대한 강의를 담당하고 있다. 일본 불교대학대학원 문학연구과 동양사학전공 박사과정을 졸업하고, 박사(문학) 학위를 취득했다. 1995년 대학 시절 한국을 여행하며 K-팝을 접한 이후, 약 30년 동안 연구를 이어오고 있다. 2014년에는 한국학중앙연구원 초빙연구원으로서 한국에 건너가 연구 생활을 했으며, 이후 고려대학교 아세아문제연구소 초빙연구원, 주부산일본국총영사관 전문조사원 등을 역임했다. 저서로는 『K-POP 현대사: 한국대중음악의 탄생부터 BTS까지』(지쿠마신서, 2023), 『명동 길거리 문화사』(한국학중앙연구원 출판부, 2019) 등이 있다.

김세익

경희대학교 K-컬처 · 스토리콘텐츠연구소 전임연구원이다. 한국외국어대학교 글로벌문화콘텐츠학과에서 트랜스아이덴티티 이론으로 MCU를 분석한 논문으로 박사 학위를 받았다. 현재 여러 대학에서 문화콘텐츠와 스토리텔링, 디지털 게임, 한류 등 폭넓은 문화콘텐츠 분야 제 장르의 이슈에 대해 가르치고 있다. 사단법인 문화콘텐츠비평협회의 발기인이자 소속 문화콘텐츠비평가로서, 전주국제단편영화제 국제 경쟁 부문 심사위원, 전주청소년영화제 심사위원, 전주가족영화제 심사위원 등을 역임했다. 이야기가 들어있는 여러 분야의 스토리콘텐츠에 관심이 있는 잡식성 스토리텔링 연구자이다. 영화, 드라마, 애니메이션, 웹툰, 웹소설, 공간, 건축, 디지털, 게임, 브랜드, 디자인, 출판물 등등을 좋아하고 연구한다.

천원징(Wenjing Chen)

중국 우한의 후베이대학교 언론 및 커뮤니케이션학과에서 전임 강사로 재직 중이다. K-콘텐츠, 특히 한국 TV와 뉴미디어 담론에서 나타나는 중국 이미지에 학문적인 초점을 맞추고 있다. 다양한 비평 기사를 집필하여 여러 학술지에 발표하고 있으며, 중국 교육부가 지원하는 관련 연구 프로젝트를 수행하고 있다.

이승제

건국대학교 문화콘텐츠 · 커뮤니케이션학과 BK21Four 박사후연구원이며, 경희대학교와 건국대학교, 강원대학교에서 디지털 인문학 및 게임 분과를 강의하고 있다. 디지털 게임과 뉴미디어 분야에서 비평 연구와 통계적 방법을 활용한 이용자 효과성 연구를 병행하고 있으며, 융합적 관점에서의 게임 연구를 지속하고 있다.

리처드 시그레이브(Richard Seagrave)

평생 게이머로 살아왔다. 2015년 파트너와 함께 비디오 게임 중심 웹사이트 'Game-Spew'를 재미 삼아 설립했는데, 2017년부터는 이 일이 전업이 되었다. 평소 게임을 하며 자신의 생각을 공유하고 유익한 기사를 작성하며, 그렇지 않을 때는 레고 모델을 조립과 공포 영화 감상, 여러 반려동물과 시간을 보내며 즐거움을 찾는다. 영국 셰필드 할람 대학교에서 회계 및 정보 시스템을 전공했으며, 과거 셰필드에 기반을 둔 여러 로펌의 회계 및 IT 관련 분야에서 일했다.

한유희

경희대학교 국제캠퍼스 후마니타스칼리지에서 글쓰기 강의를 하면서 만화평론과 문화평론을 쓰고 있다. 경희대학교 K-컬처 · 스토리콘텐츠연구소 연구원으로 웹툰과 팬덤 연구에 관심이 있다. 《르몽드 디플로마티크》 문화톡톡에 정기적으로 평론을 쓰고 있으며, 《지금, 만화》, [디지털만화규장각] 등 다양한 지면에 비정기적으로 평론을 싣는다. 문화평론집 『우리는 왜 피로한가』(2024), 만화규장각지식총서 『한국 만화 캐릭터 열전』(2023) 등을 공저했다.

달마 칼로비치(Dalma Kálovics)

만화 연구자이자 일본 니시노미야에 위치한 간세이가쿠인대학교 국제학부 교수이다. 2019년 교토 세이카대학교에서 만화 전공으로 박사 학위를 취득했다. 2018년부터 2024년까지 일본 요코테 마스다 만화미술관에서 연구원으로 활동하며 만화 원고(원화, genga)를 만화 연구에 어떻게 활용할 수 있는지에 초점을 맞추었고, 이를 통해 미디어 물질성이라는 주제를 탐구하게 되었다. 최근 연구 관심사는 만화의 물질성, 즉 다양한 출판 형식(1960년대 어린이 잡지, 대여 만화, 신문 만화, 디지털 만화 및 웹툰)이 만화의 시각적 구조와 어떻게 연관되는지이다. 주로 일본 만화를 연구하지만, 동아시아 및 동남아시아의 다른 만화 매체에도 관심을 둔다._

2025 K-콘텐츠 :
한류를 읽는 안과 밖의 시선

초판 1쇄 인쇄　2024년 12월 25일
초판 1쇄 발행　2024년 12월 31일

지은이　안숭범, 앨버트 리, 조한기, 파수트 라수카, 김태룡, 야마모토 조호, 김세익, 천원징, 이승제, 리처드 시그레이브, 한유희, 달마 칼로비치

펴낸이　김진상
책임 편집　윤민혜
디자인　이수정

펴낸곳　경희대학교 출판문화원
주소　서울시 동대문구 경희대로 26
전화　02-961-0106~8
팩스　02-961-0291
설립　1960년 9월 16일 제5-8호
등록　1977년 11월 8일 제6-5호
홈페이지　www.khupress.com
전자우편　press@khu.ac.kr

ISBN　978-89-8222-791-2
978-89-8222-772-1(04600) 세트

* 이 저서는 2021년 대한민국 교육부와 한국학중앙연구원(한국학진흥사업단)을 통해 K학술확산연구소사업의 지원을 받아 수행된 연구임(AKS-2021-KDA-1250004)